Tomi Ungerer

À la guerre comme à la guerre

Dessins et souvenirs d'enfance

Médium
11, rue de Sèvres, Paris 6ᵉ

Du même auteur, à *l'école des loisirs*

33 spective
Affiches
Flix
Le géant de Zéralda
La grosse bête de Monsieur Racine
Guillaume l'apprenti sorcier
Jean de la Lune
Le nuage bleu
Otto
Trémolo
Les trois brigands

dans la collection Mouche
Pas de baiser pour maman

Ce livre est tout d'abord paru
aux Éditions La Nuée Bleue/DNA à Strasbourg en 1991,
puis en Allemand sous le titre *Die Gedanken sind frei*
chez Diogenes Verlag à Zurich en 1993.

Sauf mention particulière, tous les documents de ce livre
proviennent de la collection Tomi Ungerer.

ISBN 978-2-211-06648-8
© 2002, l'école des loisirs, Paris, pour cette édition
© 1993, Diogenes Verlag
Loi N° 49.956 du 16 juillet 1949 sur les publications
Destinées à la jeunesse : septembre 2002
Dépôt légal : février 2007
Imprimé en France par Mame à Tours

Sachant que l'Alsace est une terre de partage, je dédie ce livre à tous les survivants d'hier et de demain, qui, dans la bonne volonté, sont prêts à labourer le passé pour lui assurer une récolte.

À New York, j'avais un ami d'origine juive. Il était né à Auschwitz, ses parents y étaient morts, il y avait survécu les premières années de sa vie. Que sont mes anecdotes comparées à une tragédie pareille ? La guerre nous a épargnés, ma famille, mes proches et moi. Grâce à la ruse et au bon sens de ma mère, nous avons survécu à un régime totalitaire normalisé par le quotidien.

Ce livre pourrait paraître un affront primesautier aux grands drames de la misère, de la violence et de la torture. Mais si je parle de cette époque comme on parle de grandes vacances, c'est que gamin j'ai cru assister, avec le détachement de l'enfance, simplement à un spectacle, comme de nos jours mes enfants regardent la télévision.

J'ai au moins appris la relativité de la condition humaine, et je suis devenu un pacifiste à ma façon. Il n'y a pas d'antidote au préjugé, à la haine, à l'injustice, sinon la prise de conscience personnelle qui nous dicte nos devoirs.

Tomi Ungerer

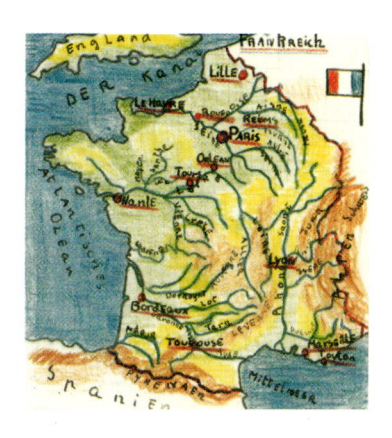

REPÈRES

Tomi Ungerer est né en 1931 en Alsace, redevenue française en 1918 après quarante-sept années d'annexion allemande (consécutive à la défaite française en 1870). Ses parents étaient ainsi nés allemands, sujets de l'empereur Guillaume II.

En 1940, après la débâcle française, le Reich nazi annexa une nouvelle fois l'Alsace ; Tomi Ungerer, comme tous les Alsaciens, devint citoyen allemand. Une politique de germanisation et de nazification à outrance de l'Alsace se mit alors en place – allant jusqu'à l'incorporation de force des jeunes gens dans l'armée allemande – jusqu'en 1944-45 et au retour à la France.

Ces basculements successifs, nationaux, politiques et culturels, ont été à l'origine d'une situation linguistique très particulière où trois langues (le français, l'allemand et le dialecte alsacien) continuent à coexister.

J'avais trois ans à la mort de mon père.

AVANT LA GUERRE

Ma mère ne jetait rien.
Moi non plus.
C'est ainsi que j'ai retrouvé intacts mes dessins d'enfant, mes journaux, lettres, cahiers d'écolier, bulletins... Les documents intéressants sont ceux qui remontent à la Deuxième Guerre mondiale : la drôle de guerre, l'arrivée des nazis, la poche de Colmar, la Libération, la dé-libération.

Donc, ma mère ne jetait rien, ni mes cheveux, ni les siens. Après sa mort, j'ai trouvé un sac en plastique plein de cheveux qu'elle retirait de son peigne. Elle voulait certainement les intégrer à un pull tricoté pour son petit dernier.

Je suis né en 1931, j'avais donc neuf ans en 1940. Mes dessins, mes notes me fournissent les moyens de retracer cette aventure où le comique est tout aussi absurde que le tragique.

Je suis un produit de cette époque.

Il ne suffit pas de naître avec des dons ; encore faut-il à la semence un terrain fertile et bien cultivé. J'ai eu la chance de tomber sur un potager culturellement bien entretenu. Dès mon plus jeune âge, je fus encouragé avec enthousiasme à dessiner et à écrire.

J'avais trois ans lorsque mon père fit ses adieux. Il est mort à Strasbourg, laissant derrière lui ma mère, moi, *Tomerle*, son benjamin, mes deux sœurs, Edith et Vivette, et mon frère Bernard, tous les trois mes aînés de plus d'une dizaine d'années. Petit dernier, je devais profiter de mon entourage familial, j'étais entouré de «grands» qui me couvraient d'attention et d'affection.

Bien au contraire ! Une fois la porte refermée, elle éclata d'un fou rire qui couronnait mon initiative. Maman adorait les blagues et nous racontait comment, lorsqu'elle était petite, elle avait servi des crottes de lapin saupoudrées de sucre à des dames qui rendaient visite à sa mère !

Il y avait aussi le boulanger – qui fut ensuite arrêté par la Gestapo – et le boucher. J'y allais rarement car la viande coûtait cher et nous n'avions pas toujours les moyens d'en acheter. Je me posais des questions à ce sujet : comment ces ménagères, femmes d'ouvriers, pouvaient-elles remplir leurs filets de steaks et de rôtis, alors que nous, avec nos beaux meubles, nos antiquités, nos objets d'art, notre bibliothèque, nous n'avions pas de quoi faire ripaille.

Je fréquentais donc le lycée Bartholdi et j'étais en pension chez mon oncle Heino et ma tante Marguerite, la sœur aînée de ma mère, qui habitaient rue des Blés à trois minutes du lycée. Cet oncle Heino était suisse et évangéliste ; il avait un chien végétarien, Bouli, et une bonne du nom curieux de

Où se trouve le petit moineau ébouriffé que j'étais à l'âge de huit ans ?
Au centre de la rangée du haut.

Ce dessin de Mickey a échappé aux razzias pasteurisées de mon oncle Heino.

Gomme à mâcher Globo «gonflable» fabriquée en France. Cette image accompagnait le chewing-gum de huit centimètres sur six dévoré par mon oncle.

Josépha. C'était un homme d'un puritanisme amidonné par une foi aussi aveugle que sanctimonieuse. Son appartement se trouvait au-dessus du temple.

Il voyait d'un très mauvais œil les caricatures que mon crayon jetait sur le papier, surtout celles inspirées par Walt Disney. Car Dieu ayant créé l'homme à son image, c'était un péché, un sacrilège que de représenter ce dernier avec un gros nez en patate ou des oreilles de Mickey Mouse. Une nuit, en chemise, sur la pointe des pieds, il s'introduisit dans ma chambre pour s'emparer de ces dessins outrageux afin de détruire les preuves accablantes qui auraient pu me nuire lors du Jugement dernier!

J'étais bien malheureux à l'école, je n'avais pas d'amis car, après la classe, on ne me laissait pas fréquenter les autres enfants. C'était une époque où l'on était encore récompensé par des bons points, et pour dix bons points on recevait une image. Ces images, je les ai encore, patinées de tristesse.

Mon oncle souffrait du péché de gourmandise. Un jour, je rapportai une tablette de chewing-gum. Mon oncle, se léchant les babines, me demanda ce que c'était et décida qu'il était de sa responsabilité d'essayer cette nouvelle friandise. Il

LES PETITS ARTISTES

EXERCICE D'OBSERVATION. — 1. Que voyez-vous sur cette table ? — 2. Au mur ? — 3. Remarquez le paysage dessiné par l'enfant. Dessineriez-vous la maison et les arbres comme il l'a fait ? Qu'est-ce qui est trop haut ?

LECTURE

Hugues aime le dessin et les couleurs. Il a toute une collection de crayons variés et une belle boite de peinture. Sur un album à dessiner, il ajoute les bêtes aux maisons, aux fleuves et aux montagnes. Il peint le cheval tout en rouge. Ses maisons sont plus grandes que le paysage. Ses fleuves sont jaunes. Ses montagnes portent des arbres plus hauts que leurs hauts sommets. Mais Hugues aime son coloris et la confusion de ses lignes. Il sera peintre.

EXERCICE D'ELOCUTION. — 1. Quelles couleurs connaissez-vous ? — 2. Nommez trois choses rouges, trois bleues, trois jaunes, cinq vertes. — 3. Sur quoi Hugues dessine-t-il ? — 4. Que dessine-t-il ? — 5. Les fleuves sont-ils jaunes ? — 6. De quelles couleurs peuvent être les chevaux ? les arbres ? les montagnes ?

Je lisais et relisais cette page de mon livre de lecture. Elle me rassurait. J'étais réfractaire à la grammaire, impuissant devant l'arithmétique, paniqué par l'orthographe.
Ma seule force était dans le dessin.

avala donc toute la tablette qui mesurait huit centimètres sur six — je suis sûr du format car ce chewing-gum était accompagné d'une image qui figure toujours dans ma collection — et me déclara que ce produit était sans goût et sans intérêt pour un enfant comme moi. Je n'ai jamais su quel effet ce caoutchouc masticatoire avait eu sur les selles de notre pasteur.

Je me souviens d'un dimanche, avant l'office. Mon oncle avait préparé les hosties sur une assiette. Je les ai toutes mangées, ne sachant pas exactement à quoi cette friandise devait servir. Mon oncle était assez consterné. Il ne me punissait jamais, mais il me faisait la leçon. Ses reproches pesaient d'ailleurs plus lourd qu'une raclée.

Je passais les fins de semaine ainsi que mes vacances à Logelbach. J'étais le chouchou de ma mère, le joujou de mes sœurs. Celles-ci s'étaient un jour mis dans la tête de me transformer en petit Lord Fauntleroy, d'après l'exemplaire illustré que nous avions de ce classique victorien : elles me firent un costume avec des manches bouffantes et c'est dans cet accoutrement, cheveux frisés, que je retournai un lundi à l'école. Ce qui était mignon, adorable, *kes-*

chtlig, pour mes sœurs, provoqua la risée des gamins pendant la récréation. Fou de rage, je décochai un coup de pied dans le genou d'un écolier, ce qui me valut bien des réprimandes. C'est aussi à cette époque que mes sœurs m'apprirent à tricoter. Je fis cadeau de ma première œuvre à l'une d'elles pour son anniversaire : une serviette hygiénique. Je ne savais pas à quoi cela servait, mais j'en avais souvent vu séchant sur la corde à linge.

Les débordements d'affection de ma mère, ses avalanches d'embrassades me plongeaient dans l'embarras et les baisers me dégoûtaient. Surtout lorsqu'en public elle m'appelait son rayon de soleil, *Tigerle* (petit tigre), *Stinkerle* (petit puant), petit moineau, *Goldkaeferle* (scarabée d'or), *Meschtgraezerle* (petit coq, gratteur de fumier), *Schisserle* (petit fait caca), je ne savais où me mettre. Et ceci dura jusqu'à la fin de sa vie. Il y a quelques années encore, lorsque je retournais en Alsace, elle me serrait dans ses bras, amoureusement, en me disant : « Mon prince, mon prince charmant ! Comme tu es beau ! » Relâchant son étreinte, elle ajoutait : « Tu es beau parce que tu me ressembles. »

Cette ressemblance avec ma mère m'a toujours gêné. Pourquoi ne pouvais-je pas ressembler à mon père ? Aujourd'hui encore, cela me dérange quand je me vois en photo. Mais c'est le matin quand je me rase que c'est le plus difficile à supporter. Mon neveu Philippe à qui j'en parlais me répondit, astucieux :

– Tu n'as qu'à te laisser pousser la barbe. Ainsi tu ne ressembleras plus à ta mère et tu n'auras plus besoin de te raser.

Combien de fois mes sœurs, en connaissance de cause, se sont-elles glissées silencieusement derrière moi, alors que j'étais penché sur mes devoirs ou sur un dessin, pour me planter un baiser dans la nuque en pouffant de rire.

Un jour, mis hors de moi par un de ces baisers perfides, je me jetai sur ma sœur. Elle tomba au sol, inanimée. Je fus saisi de panique: «J'ai tué ma sœur!» En pleurant désespérément, je la secouais et tout à coup elle se leva en riant.

Quand j'étais vexé, je disais toujours: «Toi tu n'es pas moi.» Et le chœur familial répétait: «Toitu nè pamoi, Toitu nè pamoi.»

Je vivais difficilement ma situation de benjamin et à cause de mes plaintes on me donna le surnom de «Grin-rin». Grincheux, moi? le petit *Tomerle*?

La vie était paisible, malgré l'état de guerre entre ma mère

Couverture du Journal de Mickey *du 19 mars 1939*

et les voisins de palier, les Back. Ma mère, avec une animosité méprisante, appelait sa voisine la «femme Back». Entre chiens et chats, il y avait le fils de ces bonnes gens, étudiant en médecine et en pharmacie, qui devint par la suite chef de la pharmacie et du laboratoire d'analyses de l'hôpital Pasteur à Colmar. Ce jeune homme discret laissait chaque samedi un numéro du *Journal de Mickey* devant notre porte. Ce journal faisait mes délices, et son geste est resté dans ma vie comme l'une des plus belles leçons, celle de la bonne volonté, de l'arc-en-ciel qui fait le pont entre deux orages. Pour ma part, je devins vite allergique aux disputes, aux rancunes mesquines et à l'orgueil des classes soi-disant privilégiées, surtout lorsque, comme la nôtre, elles tiraient le diable par la queue.

Pour aider à subvenir à nos besoins, mon frère donnait des leçons privées. Et c'est grâce à son bon professeur, M. Spenle, qui lui avait donné une paire de chaussures, qu'il pouvait continuer à fréquenter ses cours sur des semelles.

Le potager nous permettait de subsister. Aussi, à l'approche d'un orage, si la grêle menaçait, nous nous mettions à genoux et Maman implorait la grâce de l'Éternel pour qu'Il nous épargne un désastre. Le gros nuage passait et ma mère, les larmes aux yeux, criait au miracle.

Parfois, des amis de Papa venaient nous rendre visite. Il y avait l'abbé Glory. Spéléologue distingué, auteur de *Au pays du grand silence noir*, c'est avec lui, après la guerre, que je partis en expédition souterraine dans les grottes de l'Ardèche. Il y avait aussi mon parrain Michel Ungerer que j'appelais Pam. Il était dans la marine et venait me gâter lors de ses permissions. Je n'oublierai pas le jour où, avec une pièce de dix francs, il fit des ricochets sur l'étang de la Benzematt. Il y avait les oncles, les tantes, les cousins, les cousines et surtout ma

L'abbé Glory et mon parrain Pam, mon frère Bernard, mon père et moi, ma mère, mes sœurs Edith et Vivette.

On nous distribua des masques à gaz avec l'ordre de les avoir sur soi en permanence. Plus d'un utilisait leur boîte en métal comme récipient à schnaps.

tante Loulou et son mari, l'oncle Freddy Carbiener, docteur à Blaesheim. J'ai passé là-bas plusieurs merveilleux séjours. Je me rappelle avoir jeté la chatte de ma tante par la fenêtre du premier étage. Elle atterrit saine et sauve. Elle eut des petits, et mon cousin fut chargé de les éliminer. Il les prit un par un pour les jeter contre un mur comme des boules de neige. Ces chatons faisaient un bruit tout à fait spécial en éclatant et en retombant comme des petits sacs flasques et sans vie.

Ce fut en fait ma première rencontre avec la mort violente et un avant-goût de la façon dont les nazis allaient traiter les Alsaciens.

Un vaste escalier menait au premier étage de la maison. Une boule en cuivre ornait le départ de la rampe. J'avais réussi à la dévisser et, comme elle était creuse, j'eus l'idée de la transformer en bombe. Un beau jour, j'y vidai toute la poudre tirée des cartouches qui traînaient partout depuis la débâcle de l'armée française. J'ajoutai une mèche et j'allumai. Heureusement, le résultat ne fut pas une vraie explosion, seulement un grand feu d'artifice. Mais ce ne fut pas tout. M. Back aussi faillit exploser quand il montra à ma mère ses manches souillées. J'avais enduit de cirage noir toute la rampe d'escalier.

Dès la déclaration de la guerre, en septembre 1939, mon oncle, battant des ailes de la foi, s'envola pour la Suisse. Je fus mis en pension chez le pasteur Wolf qui avait des enfants, dont

La radio de ma fracture du

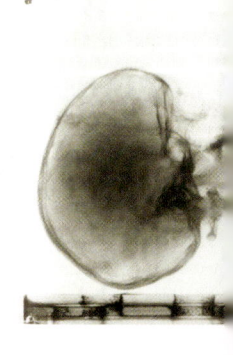

un fils de mon âge, Christian, garçon sympathique et généreux. Avec lui, je découvris le plaisir de ne plus jouer seul.

On nous avait distribué des masques à gaz que l'on trimbalait partout dans un grand cylindre gris. Ils avaient une odeur spéciale qui donnait l'impression de respirer du caoutchouc. Sous la menace d'une évacuation de la population, les écoles publiques avaient fermé leurs portes. Je poursuivis donc mes classes au collège Saint-André, institution catholique qui, elle, continuait à enseigner.

J'étais dispensé de la messe matinale. C'est ainsi qu'un matin, jouant à l'équilibriste entre deux bancs de classe, je fis une chute sur la tête; elle me valut une fêlure du crâne qui par la suite devait se révéler d'utilité patriotique. J'étais aussi tombé dans les pommes. Je me rappelle que, reprenant conscience, je dis:

— Où suis-je?

Je savais fort bien où j'étais, mais j'avais lu cette formule dans un livre, elle m'avait impressionné et je n'ai pas hésité à l'utiliser pour affoler mon institutrice.

Nous n'imaginions pas l'arrivée des Allemands, car nous savions que la France était invincible, qu'elle allait gagner. «Ils ne passeront pas, nous vaincrons parce que nous sommes les plus forts.»

C'était vraiment la «drôle de guerre»; les poilus ramollis de nonchalance, souvent mal rasés, portaient des uniformes bleus horizon datant de la Grande Guerre, les mollets couverts de bandes molletières, ils poireautaient en fumant la pipe, déclaraient que la ligne Maginot était infranchissable en fredonnant «J'attendrai le jour et la nuit, j'attendrai toujours». Ils ignoraient que l'attente allait se prolonger quatre années derrière les barbelés des stalags.

L'appartement de ma grand-mère étant devenu vacant, il fut réquisitionné pour la popote des officiers. Le souvenir de

J'ai pris ma première cuite à l'âge de huit ans avec des officiers français. J'ai conservé cette publicité en souvenir de l'événement.

En 1940 : dans les Armées françaises et britanniques, c'est la CHARTREUSE qu'on trouve dans les popotes d'officiers, sur les tables de tous les mess, en flasks de poche dans les sacs des soldats.

Pour tous renseignements, écrire à la Compagnie Française de la GRANDE CHARTREUSE, à Voiron (Isère).

cette armée française reste grassouillet. Les soldats, les officiers faisaient bombance.

L'usage des armes semblait avoir été remplacé par celui des casseroles. Ces bons officiers m'invitèrent un jour à goûter toute la gamme de leurs apéritifs, cordiaux et digestifs. C'est ivre mort que ma mère me trouva, étalé sur le paillasson devant la porte.

Oncle Henri était le frère aîné de ma mère. Un alcoolique ! Et en plus il vivait dans le péché, avec une « créature ».

Avant la Première Guerre, ce géologue avait découvert dans le désert du Tsumeb, dans la colonie allemande d'*Ostafrika* (l'Alsace faisant alors partie de l'Allemagne), d'importants gisements de cuivre. Peu après, il fut fait prisonnier par les Anglais. Notre grenier abritait encore ses caisses pleines de minéraux et autres trésors venus d'Afrique.

Pendant la Seconde Guerre, il développa dans son laboratoire un procédé pour transformer le malt en une sorte de sucre.

Oncle Henri était le cauchemar de la famille, le mouton noir. On disait toujours : « Pas d'alcool, sinon tu finiras comme oncle Henri. »

Le penchant pour la bouteille était la grande crainte de ma mère. Chez nous, il n'y avait ni vin ni bière, juste la traditionnelle bouteille de schnaps, servant contre le rhume, les indigestions et comme désinfectant.

Bien des années plus tard, chaque fois que j'invitai ma mère au restaurant avec des amis pour profiter des bonnes choses de la vie, elle resta pétrifiée devant ma propension à vider les bouteilles. Dès que je tournais la tête, elle vidait elle-même mon verre, pensant que j'étais dupe. Elle croyait que son sacrifice allait réduire ma consommation d'alcool. À la fin, elle était pompette, pas moi.

La beauté de ma mère lui fut reprochée par mon fanatique oncle Heino. D'après la Bible, porter un chemisier coloré serait un péché, et les coiffures soignées et le rouge à lèvres réservés aux putains.

Avec mon crâne fêlé, je n'avais pas le droit de courir. Je dessinais d'autant plus pour me distraire. Vivette travaillait à la préfecture. Tous mes dessins de cette époque figurent au verso des formulaires d'allocations aux familles des recrutés qu'elle rapportait du bureau.

La préoccupation principale était alors le stockage de provisions en vue des pénuries. J'ai cherché en vain un des dessins de cette époque, représentant la coupe d'une maison et l'accumulation des réserves qui s'y trouvaient entassées. Il y avait une pièce exclusivement réservée aux boîtes de sardines. Les plafonds de la cave étaient constellés de jambons de Damoclès qui menaçaient à tout instant de nous assommer. Partout des étagères pliaient sous le poids de bouteilles d'huile d'olive.

Huile d'olive? La première fois que j'en goûtai, elle provenait d'une bouteille que Maman avait obtenue du cuisinier troufion. Rayonnante, elle nous annonça: «Regardez, cette huile, vous savez comment je l'ai obtenue? Par un baiser!»

*Moi, à l'âge de quatre ans
devant un pied de bouillon-blanc.*

LE BOUILLON-BLANC
Poème d'Alice Ungerer traduit de l'allemand.

Toi, ma fière molène,
mon splendide chandelier,
ton or réjouit mon cœur
et le fait chanter de joie.

Tes fleurs splendides
chaque jour se renouvellent.
Tes merveilles, je les cueille
aussi bien que je le peux,
car tes étoiles étincellent
à la hauteur du ciel bleu.
Lointaines, elles me saluent
et quémandent mon regard.

Je salue tes immenses tiges
vêtues de velours vert-argent
qui distribuent leurs bourgeons
telle la main divine de l'or!

Tu pousses sur les terres sauvages
te contentant de sable et de pierre.
Le ciel te donne la vie
et le soleil ton vêtement.

C'est toi qui cueilles la rosée
dont se désaltère la nature.

Ceux qui y goûtent chantent
un hymne à ta gloire.

Bien qu'alourdies par ce festin
les abeilles réintègrent
saines et sauves
leur ruche tant aimée.

Comme elles je m'en retourne
avec mon chargement si doux
pour apprêter à ceux que j'aime
ce dont tu m'as fait cadeau.

Adieu, ma fleur douce et fière,
ma lumière vraie,
ta splendeur enflamme
et inspire ce poème,
par lequel je te remercie
de m'avoir enrichie
du prodige de tes fleurs
bienfait du ciel.

De tout mon cœur merci
pour ton suc si goûteux,
dont le baume merveilleux
guérit le corps et l'âme.

Ma mère savait jouer de sa beauté et de son *sex-appeal* comme d'autres de leur accordéon, et il est bien connu que le baiser d'une Vénus vaut plus que le baiser d'une souillon.

Maman, malgré son éducation reçue à l'époque du *Kaiser*, quand l'Alsace était allemande, et les beaux souvenirs qu'elle en gardait, était française, aveuglément patriote. Elle se disait, comme beaucoup d'Alsaciens, plus française que les Français. Elle m'a ainsi élevé avec les livres de Hansi, le grand dessinateur alsacien, haineux chauviniste. D'ailleurs la plus grande partie de mes dessins de cette époque révèlent l'influence profonde de cet artiste. Cependant l'allergie de ma mère à l'Allemagne ne l'empêchait pas d'écrire avec bonheur des poèmes en allemand, ni de déclamer avec fougue dans la langue de Goethe. Ci-contre un poème composé par elle, d'un seul jet, à la gloire du bouillon-blanc.

Dans le jardin, les yeux mouillés désignant la maison, elle déclamait «*Noch steht es da, das alte Haus*» (Elle est toujours là, la vieille demeure), ou devant la chapelle de Wihr-au-Val: «*Oben stehet die Kapelle, schauet tief ins Thal hinein*» (Tout là-haut, la chapelle embrasse de son regard la vallée).

En Alsace, même dans un milieu où l'on ne parle que le français, des expressions alsaciennes et parfois allemandes se glissent toujours dans les conversations. Surtout celles d'ordre sentimental. Comme si elles comblaient les lacunes d'une langue crispée par la précision.

J'avais découpé cette publicité, m'identifiant sans doute à ces deux gamins en sarrau.

Un des drames de l'Alsace fut l'évacuation. Comme le gouvernement français craignait des batailles le long du Rhin, il décida d'évacuer tous les habitants de Strasbourg, ainsi que ceux des villages le long de la frontière. Ce fut une tragédie. Le 1ᵉʳ septembre 1939, on évacua en 48 heures 380 000 Alsaciens, dont 100 000 Strasbourgeois, vers le sud-ouest de la France. À Strasbourg, ville vide, le gel s'empara bientôt des canalisations. Son université fut transférée à Clermont-Ferrand. Le long de la frontière, on dépeupla une zone de cinq kilomètres de large. Un drame, surtout pour les paysans qui étaient obligés d'abandonner leurs bêtes et leurs champs.

Un jour, quand je rentrai à la maison, ma mère n'était pas là. Ce fut la première grande panique de ma vie. Je croyais qu'on l'avait évacuée sans moi.

Mon *teddy-bear* était mon meilleur ami. Il l'est toujours aujourd'hui, avec son pantalon rayé bleu et blanc, le même que le mien quand je faisais sa taille. Pendant la période où nous risquions l'évacuation, je le gardais toujours dans mon sac à dos.

Toute cette population fut rapatriée après l'armistice en décembre 1940. Bien évidemment, la propagande nazie en profita. On accueillit ces Alsaciens trimballés avec des fanfares militaires, des croix gammées et moult discours. Ils n'avaient aucune idée du piège dans lequel ils étaient tombés.

Meunier, tu dors… Extrait de mon premier cahier de chansons illustrées.

*Le petit « fier drapeau » allait bientôt être remplacé par « die Fahne hoch »
(Hissons le drapeau), le chant patriotique du parti nazi.*

LA GUERRE

Les Allemands ?

Imaginez ma stupéfaction lorsqu'ils arrivèrent finalement. D'abord des motos avec side-car, puis les régiments, disciplinés, chantant, chaussés de belles bottes, avec de vrais *Rucksack* (sacs à dos), de vrais fusils.

J'étais devant la maison avec un fusil jouet, je le jetai par terre, de peur d'être pris pour un franc-tireur. C'était sur le coup de midi, en juin 1940, il faisait chaud. Le régiment s'arrête, les fusils sont mis en faisceaux, une cuisinière roulante arrive, tirée par un cheval. Un soldat, avec un grand sourire, m'offre de goûter à sa soupe. Pour la première fois de ma vie, je voyais de véritables soldats. Ils repartirent d'un pas cadencé en chantant. Ce n'étaient pas les hordes de Huns que Hansi nous avait annoncées, et pour comble ils étaient sympathiques. Je trébuchai là sur mon premier point d'interrogation.

Le lundi, 17 juin 1940, les Allemands occupèrent Colmar. Le commandant du *Sturmregiment* «Adolf Hitler» exigea la livraison immédiate de 2 300 kg de pain, 557 kg de charcuterie, 7 kg de thé, 23 kg de café, 290 litres de rhum et 23 000 paquets de cigarettes ainsi que vingt otages, de préférence des fonctionnaires francophiles.

Mon pistolet jouet

Les soldats, de leur côté, vidèrent les magasins, le taux de

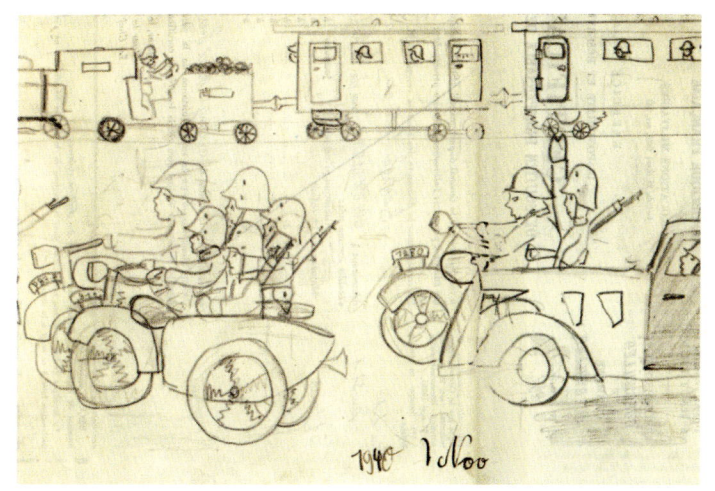

L'arrivée des Allemands en juin 1940

change ayant été fixé à cinq pfennigs pour un franc ! Des conditions paradisiaques.

Le 16 juillet, tous les Juifs qui n'étaient pas encore partis, furent convoqués au poste de police. On les autorisa à emporter une valise, 2 000 francs et de la nourriture pour quatre jours, on leur interdit de porter des bijoux ou des alliances en or. Il furent expédiés en France, et c'est la police française qui, plus tard, se chargea de les arrêter et de les livrer aux Allemands qui les envoyèrent dans les camps de la mort.

Les fonctionnaires français et les Alsaciens qui étaient *volksfeindlich* (hostiles au peuple du Reich) furent envoyés en France dans des conditions similaires.

Ainsi, Colmar perdit un tiers de sa population. Les appartements vacants furent promptement recyclés pour accueillir des Allemands.

Tout s'était passé avec le plus grand naturel. Les Allemands étaient là, débarqués comme des touristes qui sortent de leur autobus. Quelques semaines plus tard, une grosse Mercedes

Interprétation d'une scène de pillage, à laquelle je n'ai jamais assisté. C'est avec bien plus d'ordre et de méthode, dans de beaux camions de déménagement, que les nazis confisquaient le mobilier des Juifs, des ennemis du Reich et autre «vermine du peuple».

s'arrête devant la maison. En descend un bel et grand officier dans la force de l'âge, au torse bombé sous les décorations. Il se présente, en allemand, bien sûr: «*Meine liebe Alice!* Ma chère Alice!»

Maman, subjuguée, embarrassée («Mon Dieu, que vont dire les voisins?»). C'était un ami de jeunesse, d'avant 1914, *aus der guten alten Zeit*, du bon vieux temps, qui n'avait pas oublié Logelbach de la belle époque encore abritée à l'ombre des crinolines, ni le *Drei Mädechen Haus*, la maison aux trois jeunes filles, de la Haussmannstrasse. Il n'était heureusement que de passage. Il me laissa une tablette de chocolat, m'assurant qu'une fois la guerre gagnée j'aurais autant de chocolat que je voudrais.

Quelle débâcle, des milliers de soldats sous le soleil d'été, abattus, poussés comme du bétail, défilaient devant la maison. Comme tout le reste de la population, nous nous affairions à

Caricature de touristes allemands, nettement influencée par les dessins de Hansi.

Hitler avec une chope de bière

Là où il y a des soldats, il y a de la popote.

les désaltérer, à les ravitailler au passage. Les gardes allemands, affectant la nonchalance, nous laissaient faire. Toutes les fraises du jardin y passèrent. De toutes les vantardises de la victoire, il ne restait qu'un pneu crevé, dégonflé.

Dans les gravières, un peu plus loin, s'amoncelaient des milliers de casques rendus inutiles par la défaite. J'en rapportai toute une collection ; il en émanait de forts effluves de cuir et de sueur chevelue. Le spectacle de la défaite m'a sans doute inspiré par la suite cette résolution de ne pas m'engager dans une bataille si ce n'est pour la gagner.

Donc, finie la popote des officiers. Ceux-ci avaient changé de villégiature et résidaient en face, dans l'énorme bâtisse Haussmann transformée en camp de prisonniers. L'appartement du rez-de-chaussée fit place aux occupants vert-de-gris. C'est un *Waffenmeister*, un armurier, qui vint fort poliment présenter ses respects à ma mère avec un discret claquement

*L'allée des marronniers dans le parc attenant à la maison.
Un officier allemand prophétisa à ma mère que bientôt,
à chaque branche, serait pendu un Juif.*

de talons, et le premier « *Heil Hitler!* » de mes oreilles. Avec le sourire radieux des fanatiques, il annonça qu'il avait trois fils, dont deux étaient déjà tombés pour le Führer, et qu'il était prêt à faire offrande du troisième pour la gloire du Troisième Reich. Les yeux voilés d'une nostalgie wagnérienne, désignant les marronniers postés devant la maison, il dit: « Frau Ungerer, le jour viendra où un Juif sera pendu à chaque branche de ces beaux arbres. » Et, tirant de sa poche un bout de papier, il remit à ma mère une recette de sa femme pour un gâteau de carottes. J'ai assisté à cette scène mais, ne parlant pas encore l'allemand, j'en rapporte ici le compte rendu de ma mère, dont l'authenticité ne fait pour moi aucun doute.

Le gibet du camp de concentration du Struthof

Le collège Saint-André, institution catholique, fut germanisé et nazifié. Il devint un *Gymnasium*, un lycée, dont le directeur s'appelait... Walter Ungerer, de la branche allemande de la famille. Son père, pasteur, depossédé, dut quitter l'Alsace en 1919 parce qu'il avait épousé une Allemande. Nous étions très embarrassés d'avoir de la famille allemande à Colmar. Ma mère faisait tout pour les éviter. Il fallut quand

On avait très peur des Allemands car on nous racontait que ces barbares coupaient les mains des enfants.
Il y a seulement quelques années que j'ai appris l'origine de cette histoire de propagande datant de la Première Guerre : des enfants belges avaient joué avec des grenades et ainsi perdu leurs mains.

La première page de mon cahier de classe allemande.
Le drapeau est « zu klein », trop petit.

même une fois leur rendre visite. Ces Ungerer d'outre-Rhin avaient une fille et deux fils, dont Martin, du même âge que moi, et avec lequel je me suis par la suite, après la guerre, lié d'amitié. Lorsque je le rencontrai pour la première fois, il avait un costume du Jungvolk, une organisation de jeunesse hitlérienne, et des soldats en élastoline. Des Français et des Allemands. Chacun de son côté mit ses soldats en ordre de bataille. Moi, évidemment, j'avais les Français. L'engagement fut bref et définitif; il prit l'un de ses hommes et de sa baïonnette renversa les miens les uns après les autres ; cela fait, il m'annonça : « *Deutschland hat wieder gewonnen*. L'Allemagne a encore gagné. »

Avec la rentrée des classes, les événements allaient nous précipiter vers un abîme creusé, pour ainsi dire, sur le pas de notre porte. D'un jour à l'autre, l'allemand était devenu la langue aussi officielle qu'obligatoire. Je n'avais pas l'avantage de parler l'alsacien, cette langue « du peuple ». Cet été-là, mon

Mon nouvel instituteur nous apprit que nos ancêtres étaient les Germains.

Le jour de l'anniversaire du Führer, nous faisions toujours la fête à la maison, car malheureusement c'était aussi la date d'anniversaire de ma sœur Edith.

Comme on le voit sur ces images de cigarettes, le Führer aime les enfants et les bêtes, particulièrement le berger allemand. L'ironie est qu'en anglais cette race s'appelle alsatians, Alsaciens donc.

frère m'enseigna les rudiments de la langue allemande, grâce à une édition illustrée du *Niebelungen Lied* et du *Lederstrumpf* (*Le Dernier des Mohicans*).

La loi décrétait que les enfants devaient aller à l'école de leur quartier.

Les instituteurs alsaciens envoyés en Allemagne pour une *Umschulung*, un recyclage, étaient remplacés par de jeunes professeurs allemands, préalablement formés, certains ayant déjà servi avec enthousiasme dans la Wehrmacht en Pologne. Professeurs en culottes de cuir courtes – *Lederhosen* –, le sourire aux lèvres: des missionnaires. Les livres de classe distribués avaient été rédigés et édités bien à l'avance. Le portrait du Führer trônait dans chaque classe tandis qu'une radio déversait ses discours. Un nouveau monde étalait ses panoplies.

J'ai conservé beaucoup de mes livres de classe. On les distribuait gratuitement! Pour la plupart, ils étaient spécifiquement édités pour l'Alsace: *Lesestoffe für den völkischen Unterricht im Elsass, herausgegeben vom Chef der Zivilverwaltung im Elsass* (Textes pour l'enseignement de la lecture en Alsace, publiés par le chef de l'administration civile en Alsace).

Le Führer y était omniprésent. Et les falsifications historiques y accomplissaient des miracles. Un Dr Schmitthenner allait jusqu'à prétendre dans un livre d'histoire que Léonard

de Vinci était d'origine allemande et que son vrai nom était
« Leonard von Wincke ».

Guillaume Tell de Schiller n'était pas au programme, car ces
terroristes suisses auraient pu donner des idées aux Alsaciens.

Quant à l'enseignement de l'histoire, imaginez ma surprise
d'apprendre que nos ancêtres n'étaient pas les Gaulois mais les
alte Germanen, les vieux Germains, que Charlemagne alias
Karl der Grosse ne parlait pas un mot de français et que les
Francs, les *Burgunder,* en copinage avec les Vandales, étaient
venus de l'est pour coloniser la France. Une chanson de cette
époque, plutôt amusante, nous rappelait que:

Die alten Germanen die sassen
An beiden Ufern des Rheins,
Sie sassen auf Bärenpelzen,
Und tranken immer noch eins.
Da kam eines Tages zu ihnen
Ein Römer mit freundlichem Gruss.
Heil Hitler, rief er, ich bin der Ta (ha) citus!
Les vieux Germains siégeaient
Sur les deux rives du Rhin,
Assis sur des peaux d'ours,
Tout en buvant un bon coup.
Un jour se présenta un Romain
Qui les salua amicalement.
Heil Hitler, dit-il, c'est moi Tacite!

Pour la première fois de ma vie, au grand dépit de ma mère,
je me retrouvais avec les *wackes,* les garnements du quartier.
Aucune animosité, aucune méchanceté. Pourquoi vouloir se
bagarrer entre enfants également bénis du Reich? Je me suis
quand même battu une fois avec un copain pour l'empêcher
d'arracher les ailes d'une mouche. J'étais élevé dans l'amour de
la nature et de tout ce qui était vivant.

*Il n'y avait pas que l'école et la guerre…
Et mon rêve était de devenir* Oberförster,
*garde forestier en chef. Je remplissais
un carnet de dessins d'oiseaux.*

D'un brin d'herbe je sauvais les insectes qui se noyaient dans une flaque, ce qui ne m'empêchait pas d'écraser les moustiques s'ils insistaient pour se nourrir à mes dépens. Mon rêve était de devenir garde forestier.

Je perfectionnai mon allemand à l'école, et j'appris l'alsacien de mes petits copains. Avec des chariots à ridelles, *Leiterwagen*, nous devions, après les classes, faire le porte-à-porte pour collecter tout ce qui était imprimé en français. On nous donnait quelques vieux journaux qui étaient cérémonieusement brûlés dans la cour de récréation. Le geste était symbolique, d'un style presque bon enfant. La bibliothèque de mon père n'en a certainement pas souffert.

Le plus difficile était d'apprendre à écrire en *Sütterlinschrift*, l'écriture gothique. Cette calligraphie pointue en dents de

Il nous a fallu apprendre par cœur ce texte et ce fut le premier que j'eus à rédiger dans notre nouvelle écriture gothique.

*Notre Führer s'appelle Adolf Hitler.
Il est né à Braunau le 20 avril 1889.
Notre Führer est un grand soldat et un travailleur infatigable. Il a sauvé l'Allemagne de la misère. Chaque Allemand a du travail, du pain et est heureux. Notre Führer aime les enfants et les bêtes.*

*Les noms et prénoms français furent germanisés.
Je m'appelais dorénavant Hans.*

Manuel de lecture pour l'école élémentaire alsacienne en 1940.

scie me paraissait hideuse après l'ondulation des cursives. En fait l'écriture gothique s'imposa facilement. Et je m'étonne toujours de la rapidité avec laquelle les enfants s'adaptent. C'est comme si, en un rien de temps, tout devenait possible.

Mon premier devoir fut de dessiner un Juif. Je rentre de l'école :

— Maman je dois dessiner un Juif, qu'est-ce que c'est qu'un Juif?

Et Maman, comme s'il s'agissait d'une broutille :

— Dessine un homme lippu avec un chapeau, des lunettes, une barbe noire, je crois bien qu'ils fument des cigares!

La description était si caricaturale que «le Juif» devenait pour moi presque un personnage de conte de fées, comme l'ogre du Petit Poucet, qui aurait traîné d'énormes sacs d'or derrière lui, par exemple.

Dessiner un Juif fut le premier devoir à faire à la maison après la rentrée des classes allemande. L'instituteur fut très satisfait du résultat.

L'Alsace et les Juifs, c'est une longue histoire. À l'époque de la Révolution, 80 % des Juifs français vivaient en Alsace et se sentaient alsaciens. Après l'annexion à l'Allemagne en 1871, les Juifs alsaciens gardèrent leurs distances avec les Juifs de la haute finance allemande.

Les Juifs jouent un rôle important dans la littérature alsacienne, citons Nathan Katz et Claude Vigée.

La communauté juive de Strasbourg est aujourd'hui encore la deuxième de France, après celle de Paris. Les Juifs font partie intégrante de notre culture, de notre identité, même de notre gastronomie. Je me souviens d'avoir souvent mangé, enfant, du *matze*, du pain azyme.

Un jour, je fis un discours à la synagogue de Strasbourg : « L'Alsace a été vendue aux Allemands, l'Alsace a été vendue aux Français. Nous aurions dû la vendre aux Juifs, ainsi elle serait restée dans la famille. »

Souvent je me suis fait taxer d'antisémitisme pour de telles plaisanteries, par des Allemands, jamais par des Juifs.

À mon arrivée à New York en 1956, j'eus presque toujours affaire à des Juifs sans préjugés vis-à-vis du *goy* que j'étais, on m'invita aux bar-mitsva, on me reçut partout et on tenta de contribuer à mon lancement. Ils étaient pour moi, et le sont toujours, mon peuple. Mon peuple d'élection.

Willy Fischer, de quelques années mon aîné, était mon meilleur ami. En 1944, il fut enrôlé de force dans la *Waffen-SS*. Il déserta et vécut caché jusqu'à la Libération. La honte de sa vie était le tatouage SS sous son bras. Il haïssait les Allemands et n'en aurait jamais laissé pénétrer un chez lui. Un jour, je lui rendis visite avec Percy Adlon qui tournait un film sur moi en Alsace :
— *Näi, es kommt kä Schwob en min Hüss.* (Non, un Allemand n'entre pas chez moi.)
— *Awer Willy, her amol, ar esch Ditsch, awer Halbjüd.* (Mais écoute, Willy, il est allemand mais à moitié juif.)
— *Dann loss die jidische Halft in d'Wohnung, und die ditschi soll drüsse bliewe !* (Alors fais entrer la moitié juive et laisse l'allemande dehors !)

L'«*Aktion Elsass*» commença sous les ordres de Robert Wagner, *Gauleiter*[1] aux pleins pouvoirs.
Sur toutes les colonnes Morris apparurent des affiches, clamant «*Hinaus mit dem welschen Plunder*» (Dehors, le fatras français). Il pleuvait des arrêtés. Le passé français fut éradiqué avec méthode, selon des règles qui frôlaient l'absurde.
D'abord les noms. Tomi, Jean Thomas, devint Hans Thomas, parfois aussi Johann. Yvonne se transforma en Irmgard, ma sœur Vivette en Genoveva. Bizarrement, le prénom de ma sœur Edith resta inchangé.
On modifia aussi les patronymes. Boulanger en Bäcker, Meunier en Müller, Grandjean en Grosshans, dans la bonne tradition alsacienne des allers-retours.

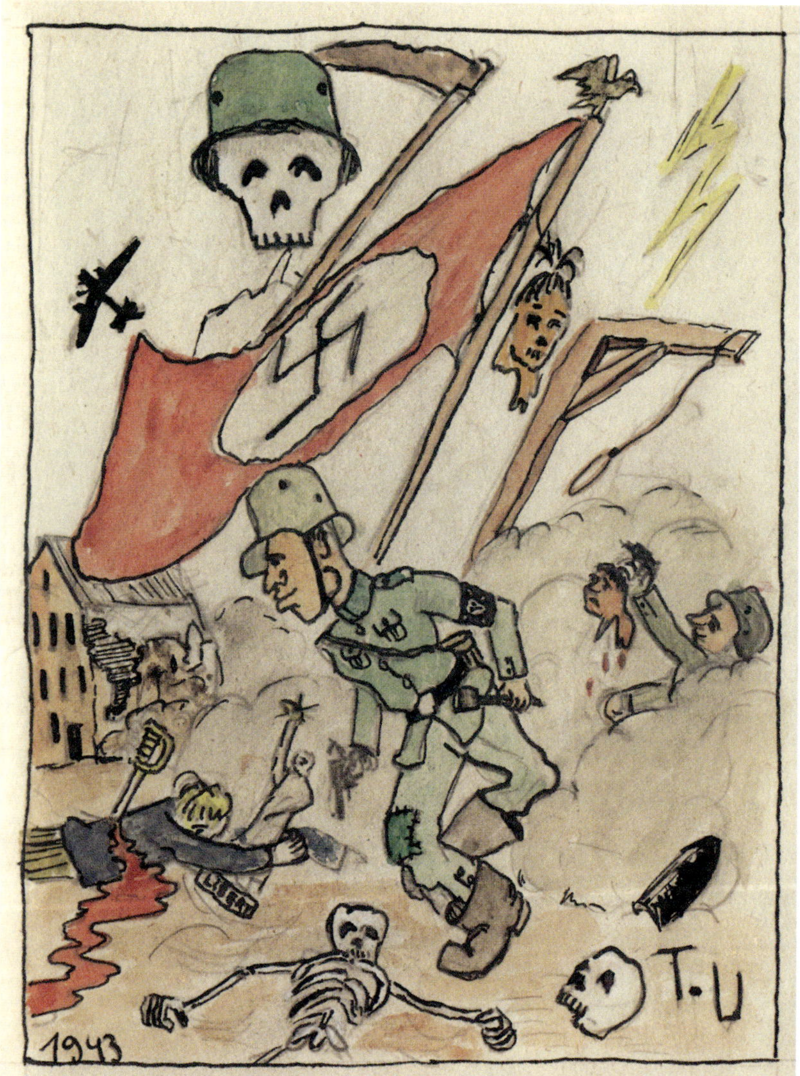
1943
T.U

En réplique à l'affiche de propagande contre l'Alsace française («Dehors, le fatras français») dont le graphisme m'avait fortement impressionné, je réalisai un dessin montrant les ravages du militarisme allemand. Un certain goût du macabre commençait à se manifester.

Toutes les rue principales furent baptisées Adolf-Hitler-Strasse. À Mulhouse, cette rue s'appelait avant la «rue du Sauvage». Quel joli hasard!

Toute exagération suscite la moquerie. À Strasbourg, il y avait une «rue du Renard qui prêche aux canards». Un plaisantin à l'humour typiquement alsacien remplaça son nom par «Dr. Goebbels-Strasse».

À leur retour, les Français firent les mêmes âneries. La Kalbstrasse à Strasbourg, d'après la famille Kalb, de grands bourgeois de la ville, fut rebaptisée «rue des Veaux».

En Alsace circule la blague suivante:

Un Alsacien s'appelle Lagarde,

les Allemands traduisent son nom par «Wache»,

les Français disent «vache»,

les Allemands traduisent par «Kuh»,

et les Français prononcent «cul».

Les Alsaciens des hautes Vosges furent particulièrement touchés par la germanisation. Eux qu'on appelle *Welsch* parlent une langue romane venue de la nuit des temps. Ils vivent de la fabrication du munster et de la distillation d'eau-de-vie. Tout les baies sauvages y passent.

Encore de nos jours, les habitants de Colmar sont très chauvins. Je prétends qu'ils avalent une cocarde tricolore avant le repas, pour être tout à fait sûrs de digérer français. Ainsi, les habitants de la rue Goethe signèrent une pétition pour que leur rue change de nom. Pourquoi? Parce que Goethe était un écrivain *allemand*. La ville a pris leur demande en considération.

Notre vengeance, à nous autres Alsaciens, réside en nos noms de village intraduisibles, de vrais supplices pour les Français, qui sont tout simplement incapables de prononcer un mot comme Ichtratzheim ou Mittelschäftholzheim.

Mais revenons aux mesures instaurées par les Allemands.

Le port du béret, qu'ils nommaient aussi *Hirnverdunklunskappe*, littéralement casquette obscurcissant le cerveau, était interdit, et puni d'une amende de 150 marks ou de six mois de prison, alors qu'en Bade, de l'autre côté du Rhin, il n'était pas interdit. Les parents d'élèves de Sainte-Marie-aux-Mines s'amusaient en envoyant leurs enfants à l'école, coiffés de couvre-chefs en tout genre, du chapeau de paille au casque de pompier. Un vrai carnaval.

L'alliance se portait maintenant à la main droite, comme en Allemagne.

Il fallait changer les robinets marqués «chaud» et «froid» ainsi que les récipients «sel» et «poivre».

Il était interdit de consulter le *Larousse* sans autorisation spéciale.

Tous les diplômes et tableaux portant des textes en français devaient être retirés, puisqu'il s'agissait de «décorations francophiles».

Comme au temps des Vandales, on mutilait ou détruisait les monuments rappelant le passé français. À Colmar, on détruisit ainsi la belle statue du général Rapp, créée par Bartholdi, le père de la statue de la Liberté. La statue de l'amiral Bruat connut le même sort.

Une rentrée des classes en Alsace. Le directeur prononce un discours de propagande nazie.

Les thermomètres de la marque Binda, fabriqués à Mulhouse, furent interdits car l'alcool dans le tube était rouge sur fond blanc, le tout encadré de bleu.

Même les couronnes mortuaires, faites à l'époque de perles de verre de couleur, durent être détruites.

Le français fut formellement interdit: dire «bonjour» justifiait un avertissement, une amende de trois marks, voire plus tard une arrestation.

Ce nouveau régime était marqué par tout un ensemble de rites. Des rites scandés par la chanson: qui chante ensemble, marche ensemble. Chaque semaine, un garçon était désigné comme *Klassenführer*, chef de classe, un rôle de maître de cérémonie.

Les élèves sont à leur banc. Le professeur entre, les élèves se mettent au garde-à-vous, lèvent le bras. Le professeur dit: «*Für den Führer ein dreifacher Sieg*» (Pour le Führer un triple salut de victoire). Les élèves répondent «*Heil*» (Salut) trois fois. Ensuite: «*Klassenführer hervor!* (Chef de classe, devant!). Ledit *Klassenfüh-*

Le poignard des Jeunesses hitlériennes, objet de ma convoitise.
Jeunes gens! Votre Führer souhaite que vous portiez ce poignard. Et vous le souhaitez aussi!
Demandez-le en cadeau pour Noël…
Sur la lame était gravé
Blut und Ehre, sang et honneur.
Bien plus de sang que d'honneur.
Ce même poignard est toujours en vente dans le commerce, sans la gravure et sans l'insigne.

rer se lève, se présente et fait face à la *Klasse*. Le professeur: «*Ein Lied!* (Une chanson!). On choisit une chanson, et allons-y, enfants de la patrie. Ensuite le professeur inspecte les mains, les oreilles, les dents: le Führer n'aime pas la saleté.

Endoctrinement quotidien, systématique. Le jazz, l'art moderne, la bande dessinée, c'est bon pour les dégénérés. J'imagine la déportation des Pieds Nickelés, de l'Espiègle Lili et de Mickey Mouse. Quelques garçons allemands d'outre-Rhin sont parmi nous, ils sont corrects, un point c'est tout. Ils viennent parfois à l'école dans leur beau costume du *Jungvolk*. Le petit poignard qui en fait partie excite par-dessus tout notre convoitise. Mais, alsaciens que nous sommes, nous gardons nos distances, imperméables. Ce n'est qu'après la guerre que nous avons eu recours au «Parapluie» de Germain Muller, notre célèbre chansonnier et humoriste strasbourgeois, pour nous protéger des averses qui noyaient notre identité.

On nous promettait de l'argent en récompense de nos dénonciations; nous devions même rapporter ce que disaient nos parents. Je ne connais aucun cas où cela soit arrivé. Le comble est que l'on nous disait qu'en cas d'arrestation de nos parents, nous aurions la chance d'aller à Cernay dans le pensionnat nazi.

On ne s'ennuyait pas. Prépondérance du sport et, autre élément très important pour moi, reconnaissance et récompense de mon talent. Je dessinais et j'étais mis en valeur pour cette capacité. Je n'étais pas un bon élève mais je savais dessiner – mais oui, le Führer a besoin de soldats, d'ouvriers, mais aussi d'artistes. Je forçais l'admiration de mes copains de classe. J'étais populaire, accepté. Mon origine bourgeoise ne posait aucun problème. J'étais enfin un enfant comme les autres. Je me liai d'amitié avec Armand Habold, fils d'une veuve, qui vivait dans une bicoque en face de chez nous. Avec d'autres *wackes*, nous formions une bande qui faisait les quatre cents coups. On escaladait le grand mur, hérissé de tessons de bouteilles, qui entourait le vaste parc Herzog; un parc plein de mystères avec son rocher à cascade, son étang, son ancienne volière et le passage souterrain creusé sous la rue Herzog et qui débouchait sur l'autre partie du parc. De tout cela il ne reste rien aujourd'hui, tout est couvert de lotissements et de HLM.

Dans le «meilleur des mondes», je m'adaptais. Là se trouve l'origine de ce que j'ai appelé par la suite mon caméléonisme. Tout était remis en perspective par la complexité de la situation: français à la maison, allemand à l'école, alsacien avec mes petits copains. Indiscutablement, je détestais les Allemands avec ferveur, les nazis avec horreur, regardez les dessins. Le cercle familial avait la priorité, mais rien ne m'empêchait de fonctionner parallèlement dans un système qui était fait sur mesure pour me plaire.

En anglais on dit: «*You can't have your cake and eat it too*». Tu ne peux pas à la fois avoir le gâteau et le manger. J'ai passé ma vie à entamer les gâteaux qui jalonnaient mes péripéties, et je m'en suis toujours attribué la meilleure part, et ceci avec la reconnaissance de ceux auxquels je laissais quelques miettes! «Enfant gâté, enfant gâté, tu n'auras pas de pâté.» Et que si! J'ai mon pâté, mon pâté nostre, et le pathétisme que je mets à raconter mes histoires. La vie est un drame? Faites-en une comédie, une comédie de la survie et de la mystification.

Tout cet enseignement nazi, c'était une rigolade, sinistre à sa façon. Certains concepts sont restés ancrés pour la vie.

« *Denket nicht, der Führer denkt für euch* », ne pensez pas, le Führer pense pour vous. Le Troisième Reich n'a pas besoin d'intellectuels, de philosophes, les seules idées qui comptent sont celles qui concourent au bien public ! Je retrouve là les origines de mon réalisme activiste. Ne faire du vent que si l'on dispose de moulins, et encore faut-il avoir du blé à moudre.

L'humour alsacien s'apparente à l'humour juif. Des affinités électives. Nous prenons la liberté de nous moquer de nos voisins, surtout des Allemands qui essayent de camoufler leur passé. Nous n'avons rien fait, donc nous rigolons.

C'est ce que j'appelle le luxe alsacien.

Deux semaines avant la chute du Mur, on m'interrogea à Berlin-Est lors d'une conférence de presse.

– Quelle est votre devise ?
– *Kraft durch Freude* (La force par la joie), répondis-je.

État de choc dans le public. Pour retourner le couteau dans la plaie, j'ajoutai :

– Ce n'est quand même pas ma faute, si le Dr Goebbels a inventé cette formule. Elle me semble parfaite, je répète donc : *Kraft durch Freude* !

Plus tard, j'ai aussi dit que l'Alsace était comme des toilettes toujours occupées.

Pendant longtemps, j'ai gardé un brassard à croix gammée, les nazis en avaient distribué à tout le monde lors de leur arrivée. Je ne l'ai jamais porté, mais j'ai fini par le perdre à l'occasion d'une mauvaise plaisanterie, une plaisanterie qui illustre mon insensibilité quelque peu morbide vis-à-vis de l'Histoire.

À New York, je m'étais lié d'amitié avec Bill Cole. Il haïssait les Allemands, qui pour lui incarnaient le fascisme. J'essayais de lui expliquer qu'il y avait Allemands et Allemands. Rien à faire : « *They are all Krauts* ».[2]

Il s'apprêtait à partir de chez moi après une soirée passée ensemble. Il pleuvait à verse et poliment je l'aidai à enfiler son imperméable... sur la manche duquel j'avais fixé mon brassard. Il entra dans le *subway* où les autres passagers lui lancèrent aussitôt des regards hostiles. New York est une ville juive. Il s'aperçut, avec une inquiétude grandissante, que c'était bien lui qu'on regardait avec tant de colère... et il finit par découvrir que son bras gauche était orné du symbole de son mépris. Il m'en a voulu, et il avait raison.

Celui-ci était en Alsace. Il n'en rapporte aucune décoration militaire, mais son ventre est bien rond.

Les rouages du mécanisme de nazification étaient mis en place. Nous étions pris dans l'engrenage de cette monstrueuse horloge. La pression montait. Le parti régnait. Pour aller à l'école, il fallait être membre du *Jungvolk* ou de la *Hitlerjugend*, la Jeunesse hitlérienne. C'est ma fêlure du crâne qui me valut l'exemption et lorsque le samedi ou le dimanche on venait me chercher pour l'exercice, ma mère me précipitait dans mon lit et déclarait que son pauvre petit avec sa fracture du crâne souffrait de maux terribles. C'est quand même avec envie que j'observais mes copains, dans de beaux uniformes gratuitement distribués, partir au pas pour le terrain de football. Lorsque ma mère et mes sœurs furent appelées à faire partie d'organisations féminines allemandes, le *Bund Deutscher Mädel* et la *Frauenschaft,* ma mère, déchaînée, alla déclarer dans le meilleur allemand, le plus parfait *Hochdeutsch* imaginable, qu'en aucun cas des

Esquisse pour un dessin-devoir, inspiré par les images de propagande dont nous étions inondés. Américains et Anglais étaient capitalistes. Les Russes formaient une sous-race, les Noirs étaient des sauvages qui empoisonnaient notre civilisation avec les rythmes effrénés du jazz. Hitler allait arranger tout cela, avec l'aide de Dieu. Gott mit uns!

Ungerer, issus de l'élite patricienne bourgeoise, ne pouvaient dépenser leur énergie à faire l'andouille dans des organisations conçues pour l'éducation et la motivation des gens du commun. Dispense accordée!

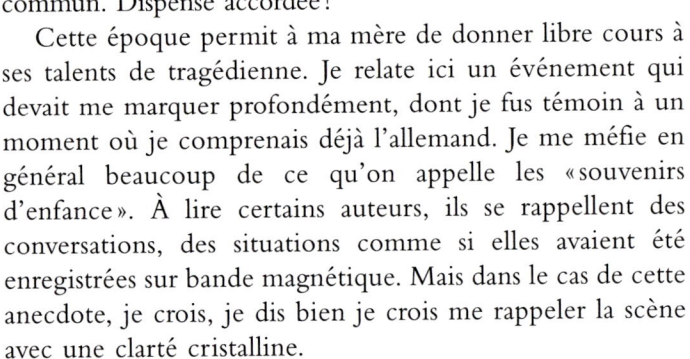

Cette époque permit à ma mère de donner libre cours à ses talents de tragédienne. Je relate ici un événement qui devait me marquer profondément, dont je fus témoin à un moment où je comprenais déjà l'allemand. Je me méfie en général beaucoup de ce qu'on appelle les « souvenirs d'enfance ». À lire certains auteurs, ils se rappellent des conversations, des situations comme si elles avaient été enregistrées sur bande magnétique. Mais dans le cas de cette anecdote, je crois, je dis bien je crois me rappeler la scène avec une clarté cristalline.

Le français était interdit par la loi, mais nous continuions en famille à le parler. J'en veux pour preuve le journal que j'ai tenu un certain temps, rédigé dans un français aussi perfectionné que du petit nègre. Aussi ma mère avait-elle été dénoncée, et convoquée par les autorités nazies. Par la suite, j'ai raconté que c'était la Gestapo, mais je n'en suis pas sûr. Toujours est-il que, pour cette convocation, ma mère s'était faite très belle, et sachant que les fascistes mettaient la *Deutsche Mutter*, la mère allemande, sur un piédestal national, elle m'emmena. Astuce de renarde, sachant qu'une

*En garnison en Alsace, les soldats allemands
ne pensent qu'à manger et à boire.
Boire, boire, j'aime ça,
De la bière, de la bière,
De la bouteille à mon ventre,
Que c'est bon, c'est bon, boire, boire.*

mère c'est une chose, mais accompagnée d'un fiston, c'est une mère avec preuve à l'appui. J'étais plutôt effrayé, mais Maman me rassurait en disant plus ou moins, et là j'improvise :

— Ne t'en fais pas, ce sont tous des imbéciles...

Nous voilà face à cet officier. Maman y va d'un *« Heil Hitler! »* et moi aussi. L'officier, devant cet étalage spontané de patriotisme, semble déjà rassuré.

— Oui, c'est bien ennuyeux, mais selon ce rapport il paraîtrait que vous persistez à parler le français.

Là-dessus ma mère éclate, avec des larmes aux yeux.

— Que mon fils, futur citoyen du Troisième Reich, en soit témoin, oui, nous parlons le français, c'est une question d'éducation.

Elle débite son bla-bla et en vient à l'argument final, moi très inquiet, alors qu'elle m'adresse un clin d'œil avec un sourire de polichinelle, pendant que le dignitaire examine son dossier.

— Oui, dit-elle, vous ne m'empêcherez pas, jamais, de parler le français ; et pourquoi ? Je vais vous le dire : si plus aucun Allemand ne parle le français, comment comptez-vous administrer la France après la grande victoire finale ?

Là-dessus, l'officier électrisé se lève, se présente à ma mère en claquant les talons, et lui donne un baise-main !

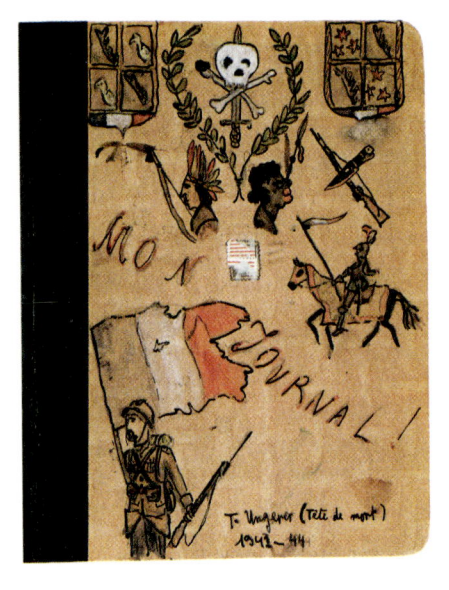

J'ai tenu un journal du 2 mai 1943 au 15 février 1944, dans le français rudimentaire dont je disposais encore après trois ans de classes allemandes

Mon Journal

Dimanche le 2 Mai 1943.

Philipe est parti hier soir, je m'ennuis beaucoup
Se matin je suis de très mauvaise humeur en
voyant que je n'avais pas de chosettes pour
remplasser les autres qui était troué.
Apres le diner j'ai demander à maman
quelle me donne uf un bout de terre
pour que j'essayeun jardin pour moi.
Allor on n'ai monte et on à jouer
au mentana. Puis j'ai très mal à
la têtê et je vois avec engoisse
comme je les vacance de pâque
son terminée; demain maten je
devrai déja de nouveau aller
au licée. j'avais reçu un asses bon
bulletin pour pâque :

Deutsch : 4   Kunst : 1 Religion : 2
Geschichte : 2 Englisch : 2 Musik : 2
Erdkund : 2 Schrift : 3
Biologie : 3 Math : 2

(Alor Bernard et moi nous) Bernard
en voyant que je m'ennuiait me dit q'bn
collerai et les timbre alors je me suis plus

ennuiet.

<u>Lundi 3 Mai 1943</u>

Ce matin je me levais à 7 heur puisquil falait que j'aille a l'ecole. Apres m'aitre depêché je pris lo l'autobus. A l'ecole tout s'est bien passé. En sortant de l'ecole j'alais voir les devanture du marchand de timbre il y avait des timbres qui me faisait envie (Tag der Brifmarken 1941, Verpflichtung der Jugend!) Puis comme l'autobus arrivait à la station je le pris pour rentrer à la maison un mauvais diner m'atendait. Soupe au pomme de terre, pop pomme de terre à l'eau, omelette au pomme de terre avec salade! Ensuite Edith et Vivette danse au son du Gramophone. Alor tout à coup la porte souvre et se referme s'etait Bernard qui revenait de Stasbürg ou il avait optenu le papier qui le remetait un semestre à

l'universitée et pas ceci il n'aurait pas
besoin d'aller à l'Arbeitsdienst.
Alor on colla quelque timbre de la
Belgique. Allon maman rentra de la
ville et fut très contente de savoir que
Bernard était remis. Puis j'allais au lit
P.S. Avant de coller les timbres je suis aller
dans mon jardin ou j'ai planter des
petits pois, des radis, des carottes de
salade.

Mardi 4 Mai 1943

Se matin je me suis levée 7h. j'alais
à l'école ou tout allait très bien.
Puis je pris le train (j'avais finit à 1h et l'autobus
par sellement 12¹⁰) pour rentrer; un diner
asser bon m'atendait. Alor on sonâ c'était
nos invitées les Flesch. Alor O gouter
mon coeur riait endedans de lui en an
voyan les bon gateau. Apres le dou gouter
Je recut tres mal aux oureillers;
Pu puis je m'endormi dan mon lit.

Mercredi le 5 Mai 1942

Comme le bensdorm se matin j'avais encore mal aux oreilles je restait au lit. Pour midi je me levais. Puis j'alais au jardin. Puis je me sui ennuié. Alor ju l'idée de faire un couteau j'en n'avait d! ... je souvent fait ici. j'ai dessiné comontil etait.

Jeudi le 6 Mai 1943

Ce matin je suis de nouveau aller à l'école ou tout c'est bien passer. Un bon diner m'attendait. Je devais aler au solfège; je ni suis pas alen. J'ai fait mes devoir pour l'école

Vendredi le 7 Mai 1943

En rentrant de l'école je recu une lettre de Rilipe. J'ai aussi soxe deja recu un livre pour la deuxcéme classe. Apres le diner je repondit à Philipe pas puis j'envoyait la lettre at à la Poste. Le soir Bernard revenait de Strasburg ou il etait à l'universitée.

<u>Samedi le 8 Mai 1943</u>

Aujourdui j'avais classe jusqu'a une heur j'avais tres fin, le diner etait bon. Soupe Biftec pommes de terre rubarbe et Breteles. Edith ai refroidi elle est restée au lit. Puis je voulais faire mes devoir mais je vis que je n'en avait pas

<u>Dimanche le 9 Mai 1943</u>

Ce matin on a dejeuner en Famille puis je lus des contes D'andersen. Apres le diner je velais qu'on jouasse au carte comme tout les dimenches mais de tout cela on ne voulais rien faire de tout cela puis je m'en nuyait et j'etait de tres mauvaise humer. Edith c'est lever pour le diner. Alor Bernard et moi on a jouer au bloc.

C'était Ellemen vaseux que je n'ai rien écris.

Lundi le 5 Juillet 1973

Maintenant nous avons les grandes vacances. Cette apresmidi je vait chez les Wagner pour Philippe et chez les Walter j'ai arranger mon grenier.

Plan de la mansarde
1 et 7 chaises
2 lucarne
3 Table
5 fourneau
6 table de nuit
7 Cheminer 8 porte 9 armoir
10 lit 12 tapis etc. couvert d'un dr
11 malle   Porte 5 3 Tapis (vieux

Cloche d'avertissement

Philippe viendra Jeudi. Avec les fillettes de M.me Wagner je suis aller at à la foir s'était très amusant.

Mardi le 6 juillet 1943

Je suis aller a la foire avec Vivette.

Mercredi 7 juillet 1943

Parti a Gebwiler chez tante Susanne aler a Regisheim chez les Hasenforder qui me prenne vout les vacanse la semaine prochaine j'apprent (quel malheur) Philippe était venu.

Jeudi 8 juillet 1943

Je me lève tôt je prend l'autobus pour aller chez Philippe à Kolmar. Philippe était la; je pare avec lui chez nous ou nous nous amuson bien puis il rentre.

Vendredi 9

J'étais chez Philippe Il était chez moi on s'est amuser. Bernard vient ce soir *reçu*

Lundi
J'ai les
vacance de
Noël

Remarque que les allemand écrive Groβ deutsches Reich au lieu des Deutsches Reich tout juste au moment ou l'Allemagne devient plus petite.

Lundi le 7 Febrier 1944
Les vacance et la fête de noel etait tres joli j'ai ete tres gater (patin a roulette avec bague avec tete de mort)
Je deteste les allemand plus que jamais toute la Ostfront a fichu pour les allemand je suis plus fière que jamais avec Philipe j'a fait un fourneau sur la plate forme.
J'ai maintenant le timbre Koch

Mardi le 8 Février 1944

Mauvais temp. A l'école on a eu du cinéma aujourd'hui j'ai acheter de grand cahier pour un herbier. Maman est allé a Straßburg pour voir Vivette qui travaille maintenant chez Tavalin (Photographie). Hier maman a raporter (oh bonheur) tous plein de pot de confiture quelle a acheté dans une fabrique a Florburg. Je vais bien. Malheureusement je ne peux pas faire du patin a roulette aujourd'hui. Je regrette horriblement que les français ne s'oit pas la j'aimerai temp etre eclereur. Depuis j'ai trouvé le secret de la perspective :)

Aujourd'hui les poule on de nouveaux pondu.

— Enfin je rencontre *eine echte Tochter des Führers*, une vraie fille du Führer. Oubliez ces imbéciles, *diese Narren*, qui rédigent des dénonciations primitives. Continuez, parlez le français, je vous en donne officiellement la permission.

Ah, quelle victoire de la ruse ! Cette ruse inépuisable et ce pouvoir de séduction qui lui permirent par la suite d'obtenir pour mon frère Bernard la dispense de l'*Arbeitsdienst*, le service paramilitaire, avec pour motif que ce sujet brillant était le seul soutien de famille d'une veuve ayant charge de quatre enfants. Bernard était le meilleur élève de sa classe, bulletins à l'appui. Ne serait-ce pas du gaspillage que d'en faire de la chair à canon, alors que « notre Führer » avait autant besoin d'une élite cérébrale que de soldats ? Bernard, dispensé donc d'*Arbeitsdienst*, après un petit séjour d'un mois à Berlin dans l'industrie de l'armement, put entreprendre à Strasbourg des études de droit qu'il poursuivit à Fribourg. Ce n'est qu'à la fin de la guerre qu'il fut incorporé dans la Wehrmacht, où il échappa à l'exercice en peignant des fresques de propagande sur les murs de sa caserne. C'est à la tête d'une unité du *Volkssturm*, – « le peuple à l'assaut », composée en réalité d'un résidu de retraités andropausés en costume de la

Wehrmacht –, qu'il fut fait prisonnier par les Américains. Moi-même, plus tard, en Afrique du Nord, m'étant engagé dans les méharistes, j'évitai l'entraînement de base au 1ᵉʳ RTA en peignant des fresques sur les murs du cercle des officiers. Cela ne m'empêcha pas ensuite d'entraîner mon unité, en lui faisant chanter des chansons nazies que je lui avais enseignées... La guerre a fait de moi un *Meistersinger*, un maître chanteur, un troubadour de la marche forcée.

Le Führer avait besoin de nouveaux soldats, la Mère était très vénérée.

Encore aujourd'hui, lorsque je suis déprimé, que je fouille mes bas-fonds, je trouve une chanson nazie pour me remonter le moral; et combien de fois, avec mon beau-frère Paul, déserteur de la Wehrmacht, arrêté, emprisonné, incorporé dans les bataillons disciplinaires – avec une balle russe définitivement installée dans sa jambe –, nous chantons; quoi? Nous chantons de revigorantes chansons de marche nazies, ça nous fait rigoler. *Elsässer Luxus*, luxe d'Alsacien!

Nous étions parfaitement conscients de l'existence des camps de concentration (*cf.* le dessin ci-après). Je n'ai jamais compris comment tant d'Allemands ont pu s'en défendre en disant : «Nous n'étions pas au courant.»

J'ai passé l'été 1942 chez les Hassenforder, une famille de paysans. L'accueil était chaleureux et la nourriture fantastique, et je me souviens qu'on disait que le savon était «produit avec des Juifs comme matière première»! Pour les remercier, j'ai envoyé aux Hassenforder une carte postale qui, interceptée par la censure, nous aurait valu à tous un séjour derrière les barbelés. Car les Hassenforder avaient un cochon du nom de Hermann Göring. Sur ma carte j'ai écrit que je reviendrais quand ils auraient tué Göring pour savourer un morceau de son illustre jambon.

Dessin réalisé en 1948

Nous, les Alsaciens, nous avons bonne conscience. Notre humour, même s'il est noir, n'est pas souillé de culpabilité; par contre, ça embarrasse les Allemands quand nous déballons notre répertoire.

Non, non! Soyons sérieux! La guerre, ce n'est pas une rigolade, c'est une rigole qui déverse à profusion le sang dans les caniveaux d'un héroïsme souvent involontaire. L'intégration dans un régime totalitaire à outrance est polluante. On

vit sur le qui-vive, on surveille sa langue, ses gestes. Pour nous, le seul espoir était la victoire des Alliés. Je n'oublierai jamais le jour où notre professeur annonça :
– *Stalingrad ist gefallen!* Stalingrad est tombé !
Il épongeait ses larmes, et nous notre sourire.

En face de notre maison, les prisonniers français avaient été remplacés par des Polonais puis, après l'affaire Badoglio[3], par des Italiens, puis par des Russes, des revenants des mines de potasse, pour la plupart aussi tuberculeux qu'affamés. Les autorités allemandes étaient très laxistes à l'égard de ces pauvres bougres. Le régime communiste restait intact entre les prisonniers. En hiver, ils avaient construit avec de la neige une espèce de monument en forme de pyramide sur lequel trônaient une faucille et un marteau en glace !

Nous avions un grand jardin potager. Ce jardin assurait notre subsistance. Tout était séché, comme les fèves, ou mis en conserves, rien ne manquait à ce jardin. Un cerisier, un prunier, deux poiriers, quatre pêchers, une rangée de groseilliers à maquereau ; mon grand-père avait conçu son aménagement dans les moindres détails. Après l'école, il fallait arroser avec un arrosoir qu'on laissait tomber au bout d'une corde dans les trous d'eau, qui grouillaient de tritons ; et puis il y avait les mauvaises herbes. C'est alors que Maman eut l'inspiration d'aller voir le *Kommandant* du

En Alsace, nous fûmes très vite au courant de l'existence des camps de concentration.
Ce qui est prouvé par ce dessin, réalisé en 1943, où un camion emmène les « ennemis du peuple » au camp de Schirmeck...

Encore une scène inspirée par Hansi

camp de prisonniers pour lui expliquer que ses prisonniers étaient littéralement des chômeurs, et qu'elle avait un potager qui nourrissait une famille du Troisième Reich. Pourquoi les prisonniers ne viendraient-ils pas lui donner un coup de main ? *Kein Problem !* Aucun problème.

Ma mère eut désormais à sa disposition une équipe de travailleurs, accompagnés d'une sentinelle plutôt âgée, pour trifouiller ses plates-bandes. À midi, tout le monde mangeait à la même table. Les garde-chiourmes ne voyaient pas d'objection à ce que l'on bourre les poches des prisonniers de nourriture, de médicaments, et c'est souvent avec des sacs pleins de patates sous les bras que ces déshérités réintégraient leur univers barbelé. Selon le système communiste du partage qui survivait dans le camp, tout était réparti afin que les prisonniers alités aient une part égale. Nous, surtout moi, étions comblés de cadeaux, sculptés, bricolés par les prisonniers. J'ai encore un perroquet russe en souvenir de cette époque.

Ma sœur Vivette, dans son bel uniforme de l'*Arbeitsdienst*, le service civil, souffrait en Allemagne, encasernée de nuit et travaillant de jour pour des paysans qui la traitaient comme une fille de ferme.

Ma sœur Edith, refusant toujours de parler l'allemand, était à l'École des arts décoratifs de Strasbourg, *Kunstgewerbeschule*. Son talent reconnu lui avait valu d'être privilégiée. Déjà employée à dessiner des costumes d'opéra, elle s'épanouissait sous le patronage de la directrice, une nazie chevronnée qui l'avait prise sous son aile protectrice. Toujours le talent, passeport et passe-partout.

Le fascisme serrait son étreinte. Menaces, arrestations, restrictions. Pour le gamin que j'étais, cela faisait tout simplement partie du programme. Il n'y a de survie que dans le pragmatisme. Au lieu de crier « *Heil Hitler !* », nous disions « *ein Liter* », un litre…

Le samedi après-midi, munis de bouteilles, nous parcourions les rangées de champs de pommes de terre à la chasse aux doryphores[4].

À l'arrivée des Allemands, mon surnom Tomi, à consonance anglaise, fut interdit. Mon vrai nom, Jean-Thomas, devint Hans Thomas. Quelle ironie que ce Hans fût alors appelé Hansi par ses camarades de classe, le pseudonyme du plus patriote des artistes alsaciens.

Perroquet en bois peint offert par des prisonniers russes. Ils réussissaient à se procurer de l'alcool à brûler pour diluer la peinture et se soûler.

Je n'étais plus à l'école primaire, mais de nouveau à Colmar au lycée Bartholdi, rebaptisé Mathias Grünewald Schule. Je prenais l'autobus pour aller en classe, un bus surmonté d'un énorme réservoir de gaz qui fournissait le carburant. L'arrêt était place de la Sinn, où se situe le musée Unterlinden. Lorsqu'il pleuvait et qu'il fallait attendre, je cherchais dans ce musée, dont l'entrée était gratuite, un refuge et je découvris ainsi le retable d'Issenheim. Ce retable de Mathias Grünewald a exercé la plus grande influence sur ma vie artistique. Et aujourd'hui, je m'identifie toujours à saint Antoine face à ses tentations, encore que je préfère les tentations à saint Antoine.

J'étais heureux à cette Mathias Grünewald Schule. J'avais de bons professeurs, en majorité alsaciens, fermes, bienveillants, compréhensifs. J'y appris l'anglais en deux ans, assez pour converser.

Mon père, de son vivant, jouait du violon. Je repris cet instrument

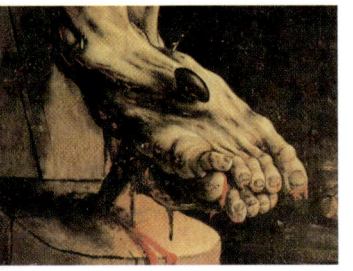

Détail du retable d'Issenheim

En Alsace on disait «Ein Liter», un litre, si on ne voulait ni dire «Heil Hitler», ni se faire remarquer.

et suivis des cours à la *Musikhochschule*, le conservatoire. Très vite, je fis l'école buissonnière. Je n'oublierai jamais le jour, c'était avant Noël, où ma mère rencontra en ville mon professeur de violon.

— Et mon fils, fait-il des progrès ?
— Votre fils, madame, cela fait six mois qu'il n'a pas mis les pieds chez moi !

Je n'ai pas été puni, parce que ma mère avait horreur de me punir, et de toute façon, on investit dans le talent que l'on a, et non dans celui que l'on n'a pas.

J'étais un élève distrait, rêveur, médiocre, et qu'importe, il suffisait, avant un examen, que j'aie mal à la tête grâce à ma fêlure du crâne pour que ma mère rédige sous ma dictée un mot d'excuse. C'était la belle époque !

J'étais né fragile avec des rhumatismes articulaires, une malformation cardiaque et un abonnement

Le doryphore, un parasite d'origine américaine, était la bête noire de l'agriculture allemande. Son apparition en Europe fut utilisée à des fins de propagande antiaméricaine.
Le dimanche, on allait à la chasse aux larves qu'on recueillait dans des bouteilles.

aux maux d'oreille que l'on soignait avec des emplâtres de *Heilerde*, une espèce de terre glaise. Mes sinus ont toujours été bouchés, j'étais de plus rachitique avec une *Hienerbruscht*, une poitrine de poulet. J'en avais honte au point de refuser de me montrer torse nu. Ce n'est que bien plus tard que la situation s'améliora et que je pus me mettre en caleçon de bain pour apprendre à nager.

Mon chien Bouboule

Je partageais ma chambre avec mon frère. Je dis « ma » car, pour son travail, il utilisait le salon où trônait le grand bureau de mon père. Ma chambre était un capharnaüm et le masque à gaz aurait certainement été utile pour survivre dans une atmosphère chargée de l'odeur de mes pieds qui se mélangeait à celle des acides que j'utilisais pour mes expériences. Surtout celle du chlore qui se dégageait de l'acide chlorhydrique versé sur la chalcopyrite et le mispickel, et dont j'extrayais l'arsenic volatilisé dans un tube. Par la suite, j'hébergeai dans mon placard les morceaux d'un squelette. Il datait des grandes épidémies de peste et avait fait son apparition après la guerre pendant les travaux de terrassement sur un chantier de construction. Au-dessus de mon lit, un grand écriteau proclamait : « Tenace ! » Mon frère l'avait placé là pour me rappeler que je devais toujours finir ce que je commençais. C'est lui qui s'occupait de mon éducation, examinait mes bulletins, me récompensait et me punissait avec un sens aigu de la justice. Je lui dois les notions du travail fini, bien fait, de l'intégrité, de la rectitude, et de la ténacité.

On pratiquait déjà la récupération totale : nous arrivions à l'école les bras chargés de journaux, de boîtes de conserve et de tubes de dentifrice vides, de chiffons, de marrons... Tout ceci était trié et entassé sous les combles du beau lycée Bartholdi. Le cuir se faisait rare, et les galoches, les *Holzklaperle*, avaient des semelles de bois. On marchait sur des castagnettes.

Le marché noir était un passe-temps auquel excellait ma mère, d'autant plus qu'elle avait des coupons de tabac qui, sur le marché du change, étaient d'une inestimable valeur. C'est ainsi qu'elle en échangea contre un chiot : mon chien Bouboule.

C'était une espèce de pouli hongrois, noir et blanc, hirsute, très malin, qui se prêtait à toutes mes lubies. Je lui avais fabriqué une carriole à laquelle je l'attelais. Mais je ne suis pas arrivé à lui faire grimper une échelle. Le seul autre chien que je connaissais était celui de la laitière, un grand chien-loup attelé à sa charrette. Chaque matin, elle faisait le tour du quartier, s'arrêtant, reprenant son haleine pour souffler dans un sifflet de flic. Je descendais à toute vitesse avec la canette chercher le lait qui nous était alloué.

Il y avait les *Zigiener*, les romanichels, qui eux aussi ajoutaient leurs voix au chorus de la rue : *Kenielepeltz, Papier, Schareschliffe !* Peaux de lapins, vieux papiers, aiguisage de ciseaux ! Le cheval remplaçait encore en grande partie les tracteurs et les voitures de livraison.

Le crottin était très convoité et les ménagères, armées d'une pelle, se précipitaient dehors, afin de récupérer le précieux fumier pour leurs légumes.

Le 21 juin 1941, l'Alsace fut, grâce à la lâcheté du gouvernement de Vichy, officiellement rattachée au Reich. C'était la veille du début de l'« *Unternehmen Barbarossa* », l'attaque de la Russie, le jour du solstice d'été. (Les nazis avaient ressuscité les vieux cultes germaniques et la foi dans l'astrologie, dans les forces de la nature et les pouvoirs des esprits du Walhalla[5].)

Avec le Land de Bade, l'Alsace formait désormais le Gau Oberrhein (Haut-Rhin). Ce qui permettait aux Allemands d'envoyer légalement les jeunes Alsaciens dans la Wehrmacht, voire dans la SS, en fonction de la taille, de la constitution et de la couleur des cheveux. La chair à canon alsacienne était maintenant prête à fertiliser les steppes russes. Plus de 100 000 Alsaciens furent concernés, un cinquième d'entre eux y trouva la mort.

Le 2 janvier 1942, on fit adhérer d'office au parti nazi la totalité des Alsaciens. Le contrôle se faisait par le biais des cartes de rationnement.

Mais après la guerre on constata que seuls 2 % de la population avaient collaboré activement avec les nazis : aucun Alsacien ne faisait partie du service de sécurité, ce qui était sans doute dû au manque de confiance des Allemands.

Nous ne connaissions pas la faim. Citoyens du Reich, nous étions nourris, nous avions un potager et de plus un poulailler et un clapier. Ah, mes poules ! Je vivais dans leur intimité. J'avais une table et un siège dans la cour de ce poulailler, j'y faisais mes devoirs.

Les poules picotaient sur mon ardoise. Chacune avait son nom ; le coq, entraîné à suivre mes ordres, se perchait sur mes épaules pour claironner un cocorico en français.

Ces volatiles me suivaient à la queue leu leu, même dans les champs voisins, pour picorer les grains après la récolte. Jusqu'au jour où, en automne 1944, un avion américain du modèle Lightning lâcha une rafale avec un bruit de machine à coudre sur la cible que j'étais devenu.

À l'époque, ces engins tiraient sur tout ce qui bougeait. En pleine moisson, une famille de paysans des environs faisant la récolte avait été expédiée dans un monde sans doute meilleur par un de ces chasseurs. La propagande allemande se servait de ce genre de faits divers pour dépeindre la sauvagerie de ces judéo-nègres américains. Je dois quand même dire que toute ma vie, il m'est resté un effroi des avions qui font du rase-mottes. C'était l'époque des alertes, chantées par les sirènes. Tout là-haut, les bombardiers alliés scintillaient dans le soleil, escortés des petits choux-fleurs de la Flak, la DCA allemande. Parfois une averse de rubans d'aluminium annonçait leur arrivée, c'était pour brouiller les radars. «*Alles Gute kommt von oben!*» Toutes les bonnes choses viennent d'en haut.

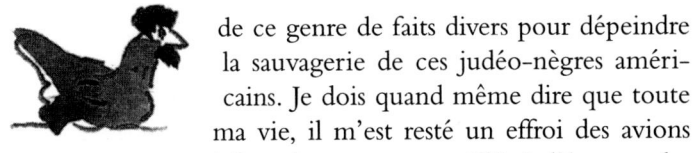

C'était l'espoir qui nous survolait. Ces engins annonçaient déjà la Libération, tout comme les hirondelles le printemps. À chaque alerte, au lycée, nous descendions à l'abri dans la cave où l'on projetait des films, comme au cinéma.

Régulièrement, le gendarme sur son vélo parcourait les rues, s'arrêtant, brandissant une cloche pour lire en alsacien les nouveaux décrets. *Es wurd' bekannt g'macht*, avis à la population, que tous les postes de radio par exemple devraient être livrés sous peine de mort. C'est à cette époque que nous avons hérité du poste de ma grand-mère strasbourgeoise. A-t-elle voulu s'en débarrasser à nos dépens? Là, j'exagère, mais la mère de mon père ne portait pas ma mère dans son cœur, et il serait facile d'inventer une histoire sur ce sujet. Bref, cette radio bien camouflée nous prodiguait, malgré les interférences, des renseignements sur les fluctuations des opérations militaires. «Ici Londres, les Français parlent aux Français, ce soir le lapin léchera le cochon, la bretelle trouvera ses boutons, les cigarettes sont passées à tabac!» Cette litanie de messages fut ma première introduction au surréalisme.

Sur le front, les lignes allemandes devenaient de plus en plus élastiques. À l'école, nous devions tenir un *Kriegstagebuch*, un journal de guerre. J'ai perdu le mien, hélas. La formule

Particularités	Nom	N:	Naissance année	†	
rond de cou, cou, brun foncé	glousette	1	1940	†	
rond de petit œuf grande	Alberte	2	"	†	
forte grande T.	Emi	3	1941	†	
jaune plume au poitrail	grande Tête	4	"	†	
	Albinos	5	1940	†	
	Madelon	6	1942		
	Barbara	7	"		
	Clarinette	8	"		
toute blanche	Colombine	9	1943		
	Nicola II	10	1943		
orange vert rouge noir coq périgué jaune	Chanteclaire	11	1940	†	
comme glousette	Flori	12	1939	†	
grise bonne pond	bus.	13	"	†	

« *planmässig geräumt* », évacuation conforme aux plans, faisait partie du jargon journalier, et même lorsque nous allions aux cabinets, tout était « *planmässig geräumt* ».

Nous savions qu'il y avait des camps de concentration. Les Allemands ne se gênaient pas pour nous en menacer. Les arrestations se faisaient de plus en plus fréquentes. C'est ainsi que je me liai d'amitié avec Philippe Wagner qui devint mon meilleur ami à cette époque. Son père, pasteur à Sainte-Marie-aux-Mines, avait été arrêté pour avoir aidé des prisonniers dans leur

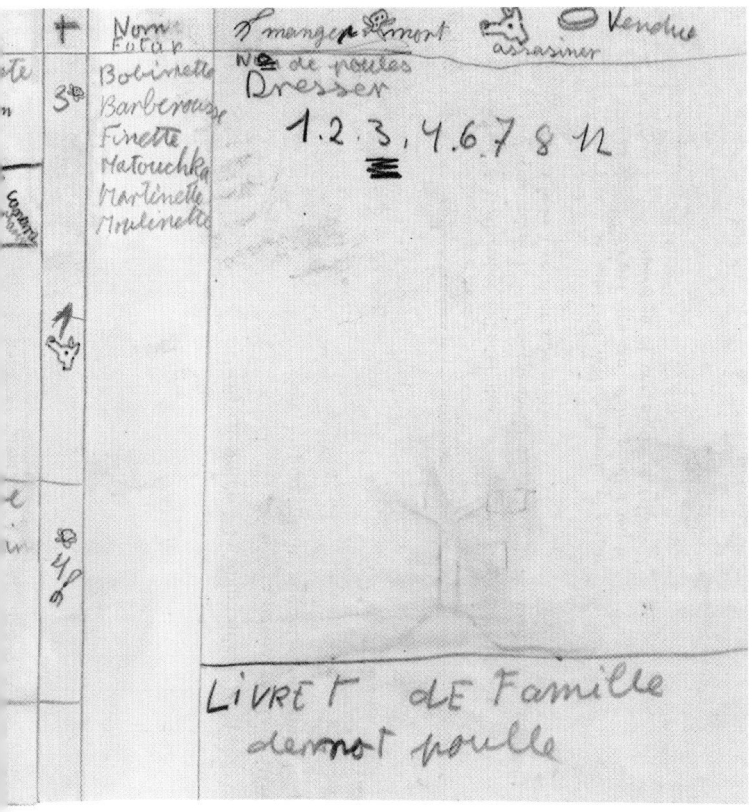

Le livret de famille de nos poules. Quatre causes de décès étaient recensées : elles pouvaient être mangées, mortes de vieillesse, assassinées ou vendues.

évasion. Sa famille était venue se réfugier dans la ferme de Saint-Gilles, au pied du château en ruine du Flixbourg.

Quant à notre cercle familial, il ne semblait que se renforcer au fur et à mesure des menaces. Nous passions nos soirées réunis autour de la table : on sirotait des tisanes, on jouait au mentana, un jeu de cartes, on dessinait, on tricotait, on cousait, on bricolait. La lecture à haute voix tenait un grand rôle dans ces veillées. Le *Ludwig Richter Hausbuch*, un ouvrage de lecture, la collection des livres de contes de fées dont ma

Ma grand-mère paternelle me fit cadeau de ce beau camion en tôle. Avant la guerre, elle était plutôt proallemande avec un goût prononcé pour l'ordre.

mère était férue, étaient une source inépuisable d'inspiration, parmi tant d'autres. C'est avec le plus grand respect que les volumes étaient tirés de la bibliothèque de mon père : la *Vie en Alsace* avec les dessins de Schnugg, la *Springer Kunstgeschichte*, un livre d'histoire de l'art, le grand volume des *Fables* de La Fontaine illustrées par Gustave Doré, l'énorme atlas dans lequel nous suivions la mobilité du front.

Mes premières lectures furent fournies par la Bibliothèque Rose, la comtesse de Ségur en l'occurrence. Mon premier livre d'images fut un album de Benjamin Rabier. *Le Struwelpeter*, *Les Pieds Nickelés*, *L'Espiègle Lili*, Wilhelm Busch, le *Familienbuch* illustré par Richter faisaient bon ménage avec Hansi, Samivel, Gustave Doré. Mais c'est surtout le *Petit Larousse* dans sa reliure saumonée, avec ses pages roses, ses multiples vignettes et planches, qui nourrissait mon imagination.

Allongé sur mon lit, je voyais défiler sur le plafond qui me servait d'écran les personnages de mes lectures, les Indiens de Karl May, les armées napoléoniennes d'Erckmann-Chatrian, les chevaliers de Walter Scott, Siegfried et les amateurs de ballon de Jules Verne. J'étais aussi en proie à certaines hallucinations. Souvent, lorsque je fermais les yeux, d'affreux visages au rictus menaçant s'approchaient de moi, si près que je pouvais sentir leur haleine. Je m'en plaignis. Ma mère m'emmena chez un psychiatre, ce qui me valut un test de Rorschach qui devait confirmer que ma santé n'avait rien à craindre.

J'étais très impressionnable, et je n'oublierai jamais ma déception de n'avoir pu assister, tout jeune, au spectacle de Blanche-Neige et de ses petits nains de Walt Disney ; on

Scène d'arrestation. Les deux soldats ont l'air sortis d'une bande dessinée. Étrange prémonition, le policier de la Gestapo ressemble au professeur de français qui me terrorisera quelques années plus tard.
Je n'ai jamais assisté à une arrestation, sauf la mienne au lycée, quand deux policiers en uniforme sont venus me chercher et m'ont emmené chez le proviseur.
On m'accusait d'avoir volé le portefeuille d'un ouvrier qui travaillait sur un chantier voisin de notre maison. L'un des policiers était le père d'un camarade de classe. Je ne me suis jamais remis de cette humiliation.

redoutait l'effet de la méchante sorcière sur ma cervelle surexcitable. En revanche, je pus suivre les péripéties de Spencer Tracy dans le rôle de Stanley à la recherche de Livingstone et, à l'époque allemande, la vie de Mozart dans *Wen die Götter lieben*, ainsi que celle de Paracelse. Le cinéma était un événement rarissime.

Nous improvisions aussi des spectacles : des charades, des saynètes, des récitations, tout cela couronné par ma sœur Edith qui, déguisée en princesse de *Kàma Sùtra*, nous exécutait une danse du voile, en ondulant comme un serpent à sonnettes sous la mélodie de la *Chanson hindoue* de Rimsky-Korsakov, que susurrait notre Gramophone.

En hiver, dans le poêle en faïence, les marrons, les pommes cuites dégageaient des senteurs douillettes. On était bien chez soi. C'était à moi d'allumer le feu dans le grand poêle chaque matin, et aussi d'aller à la cave et au grenier pour en rappor-

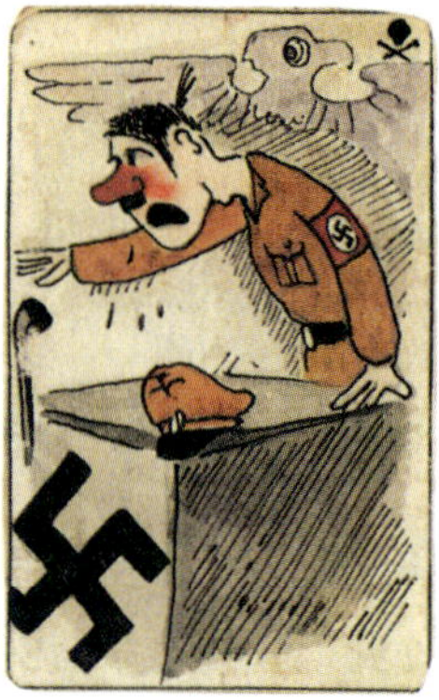

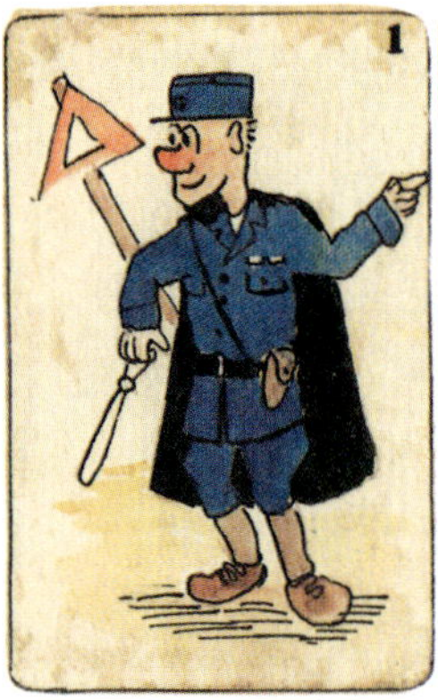
1

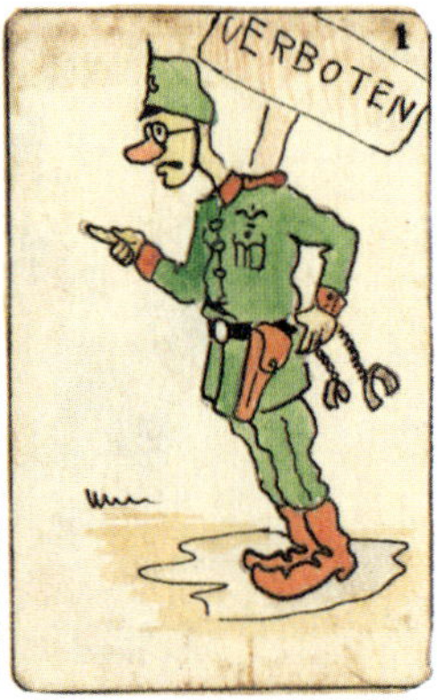
VERBOTEN
1

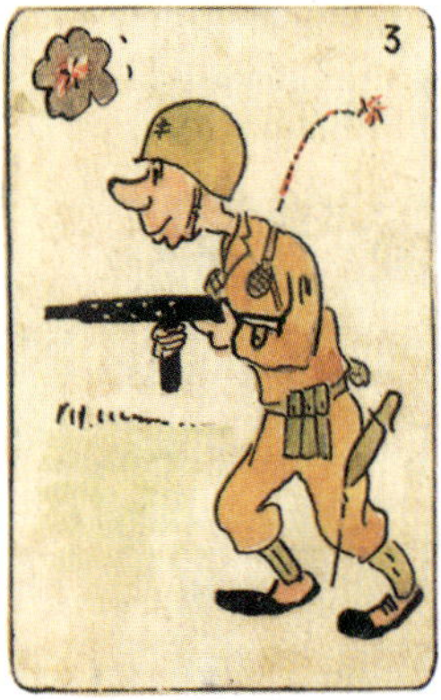
3

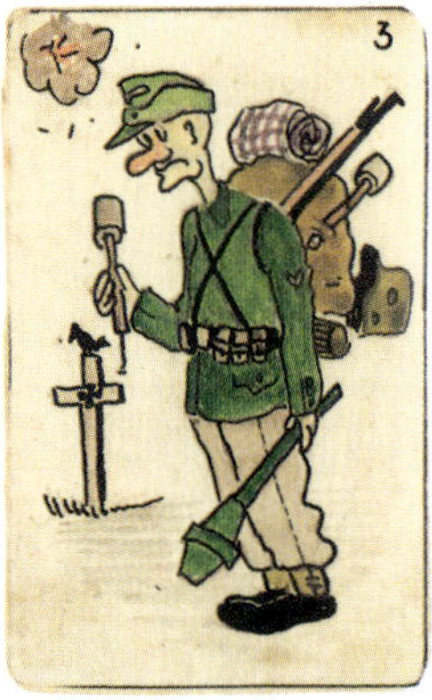
3

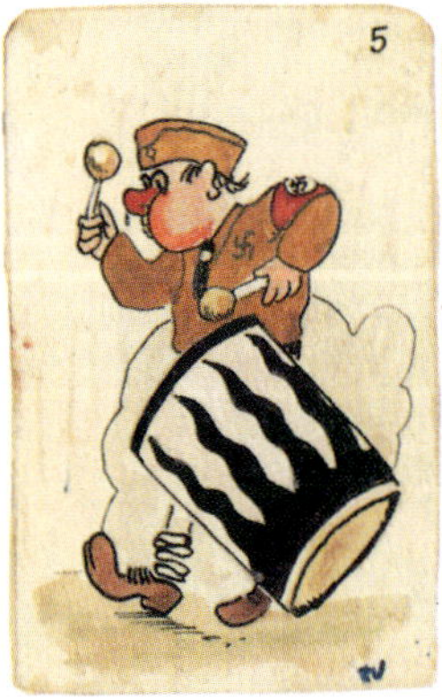
5

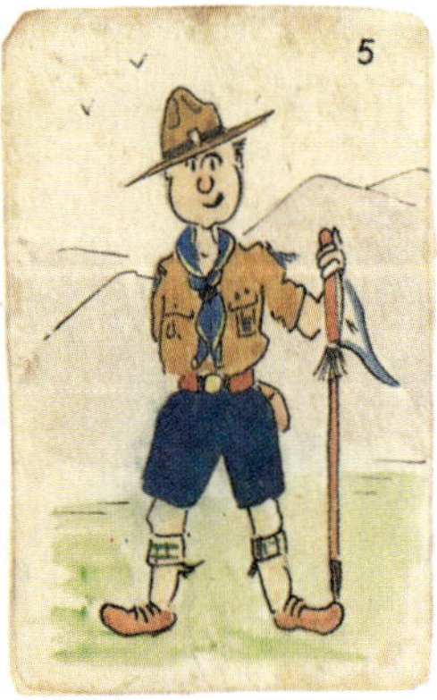
5

...u de cartes de ma fabrication.

...itler en Schwarzer Peter, en Mistigri, nous brûlait les doigts.

Pour me guérir de ma peur du noir, mon frère m'emmena au cimetière une nuit de pleine lune. Cela s'avéra tellement efficace que désormais je me promenais régulièrement tout seul la nuit, caché sous un drap blanc. Maintenant c'etait moi qui faisais peur aux autres.

ter combustible, pommes ou tisane. J'avais très peur la nuit des grandes ombres projetées par ma lanterne, une simple bougie dans un bock de bière. C'était aussi à moi de découper le journal en feuillets qui, empilés dans une boîte, servaient de papier toilette.

À la belle saison, nous partions, *Rucksack* au dos, dans les Vosges.

On troquait chez les fermiers des cigarettes contre des fromages, parfois du beurre, parfois un morceau de *Speck*, du lard fumé. On ramassait des châtaignes, on remplissait des sacs de pommes. À l'époque des vendanges, on se bourrait de raisin.

Au grenier, les fleurs séchées de bouillon-blanc, de camomille, d'aubépine, de tilleul constituaient un véritable arsenal d'herboriste, dont des effluves se mêlaient à ceux des grandes poires jaunes sur les treillis, de l'ail et des oignons qui, comme des chauves-souris, pendaient la tête en bas. C'était comme si la nature embaumée hibernait dans ce grenier. Dans la cave, des œufs, dans des pots de grès remplis de *Wasserglass*, silicate de potasse, somnolaient en compagnie des pommes de terre et des carottes.

« *Gott mit uns* », Dieu avec nous, n'était plus la devise inscrite sur la boucle des ceinturons des soldats allemands, mais la nôtre. De ce cercle familial montaient, paisibles et sereines, les prières que Maman formulait avec une foi incorrigible. Nous savions que le Seigneur était avec nous parce que Maman l'avait convoqué sans équivoque. Nous n'allions que rarement au culte protestant. Le Seigneur est avec nous, donc pas la peine d'aller le chercher ailleurs ! Autour du piano, nous chantions nos cantiques, en français, en allemand. Et si nous adressions à Dieu nos louanges, c'était bien parce que nous n'étions pas les plus à plaindre. Nos amis vignerons, les Blanck, chez qui nous faisions les vendanges, ne venaient-ils pas de perdre sur le front russe leur fils aîné, incorporé de force dans l'armée allemande comme tous les jeunes Alsaciens ? Tout le monde vivait dans l'ombre des absents. Allaient-ils revenir ?

L'ennemi était sur place, nous étions pris au piège dans son réseau de toile d'araignée. Pas question de le combattre ouvertement. Mais quelle saveur particulière prend la vie dans un système où la ruse, la mystification, l'astuce vous font gagner la bataille du fou rire ! C'était passionnant. Un carnaval, où les costumes étaient remplacés par des uniformes. Il y avait aussi les tracts ; l'un d'eux en particulier, très recherché, donnait des recettes de maladies aux appelés afin d'échapper au service militaire.

Une boucle de ceinture

Les Boeing, les Lancaster, les Liberator nous survolaient, alors qu'à l'école nous construisions des planeurs qui devaient développer en nous une vocation pour la *Luftwaffe*, l'armée de l'air.

Je n'oublierai pas le jour où un copain de classe vida son pot de colle *Uhu Alleskleber*, colle-tout, sur ma tête. Paniqué, je quittai l'atelier pour courir chez nos bons amis les Walter qui tenaient une graineterie sur la place de la Cathédrale. Ils se démenèrent avec force eau chaude pour sauver mes cheveux avant que la colle ne prenne.

Cette routine presque idyllique de la survie au jour le jour allait bientôt trébucher, s'empêtrer dans un nouveau chapitre. Comme un isotherme sur une carte météorologique, le front se rapprochait.

J'étais fasciné par les espions. Parfois je prenais en filature des individus que je considérais comme louches.

LA LIBÉRATION

Nous étions à l'automne 1944.

Le harcèlement des chasseurs alliés trahissait la proximité du front. Nous ne savions pas encore que Neuf-Brisach, à vingt kilomètres, resterait l'une des dernières têtes de pont allemandes sur le Rhin, maintenue par une poche, celle de Colmar.

Des convois de renforts remontaient la vallée de Munster. À leur passage, nous nous amusions à semer la panique. Au bord de la route en rase campagne, nous pointions un doigt espiègle vers le ciel. Cela était interprété comme l'arrivée de chasseurs. Du coup, les camions s'arrêtaient, dégorgeant une cohue de soldats qui s'éparpillait pour se planquer sous les taillis.

Saint-Gilles, où habitait mon ami Philippe, était transformé en camp militaire. Et quels militaires ! Des Hindous, des Sikhs, récupérés dans les rangs de l'armée anglaise, aryens comme toi et moi, en turban, sabre à la ceinture, l'uniforme de la Wehrmacht décoré d'un tigre noir crachant des flammes sur blason jaune, avec en lettres gothiques la mention « *Freies Indien* », Inde libre… D'autres régiments étaient constitués de Russes, sans doute blancs, qui traînaient leur bétail aux sabots usés jusqu'au sang.

À Saint-Gilles, il y avait encore une stèle en granit datant de la Première Guerre mondiale, sur laquelle était gravé le contour d'une mitrailleuse MG.08.Maxim avec la mention « *Gott strafe England* », Dieu punisse l'Angleterre. C'est bien ça la guerre, Dieu invoqué de partout finit par punir tout le monde, surtout les innocents.

C'est alors que nous décidâmes, ma mère et moi, de faire de la résistance.

Le front approchait à vue d'oreille, on entendait déjà dans les Vosges le grognement des batailles. Des convois allemands montaient la nuit vers le Hohneck, chargés de tout ce qui est nécessaire pour labourer les champs de bataille.

Je dis à ma mère: «Ces convois, il faut les arrêter.» Eh bien oui, nous sommes passés à l'action. Dans une *leiterwaje*, une petite voiture à échelle, nous avons chargé toutes les bouteilles vides que nous avons trouvées dans la maison. La nuit venue, nous sommes allés jusqu'à la route d'Ingersheim. Là, nous avons brisé toutes les bouteilles sur le pavé.

Nous nous sommes dissimulés derrière un buisson en bordure de route et avons attendu l'arrivée d'un convoi, nous réjouissant de l'effet dévastateur de ces tessons sur la pneumatique hitlérienne.

Hélas, le convoi attendu n'arriva jamais, par contre survint un groupe d'ouvriers qui, sur leurs vélos, revenaient de l'usine. Tous les pneus y passèrent. De ma vie je n'ai entendu une si belle chorale de jurons.

Nous rentrâmes honteux, penauds et très tristes pour ces ouvriers: les pneus étaient rares, car les hévéas ne poussent pas en Alsace.

La résistance, je l'ai appris cette nuit-là, c'est pour les spécialistes.

L'hiver fit son apparition avec les premiers ronflements, grondements de l'artillerie, comme à l'approche d'un orage. Colmar se fortifiait. À la périphérie se dressaient des barricades, certaines construites avec des pierres tombales (dont beaucoup venaient du cimetière juif) montées entre des rails, comme des dominos couverts d'inscriptions funéraires bilingues.

Dans le jardin, j'avais creusé un abri au cas où notre maison sauterait. La population fut réquisitionnée pour creuser à

Dessin datant de 1944, pour Maman à l'occasion de la fête des Mères, instaurée par Hitler.

la périphérie de Colmar des *Panzergraben*, des grands fossés antitanks. J'y accompagnais ma mère et mes sœurs qui s'amusaient à se renvoyer les mêmes pelletées de terre sans que le travail progresse. Corvée de courte durée, ma mère ayant imaginé comme d'habitude une raison valable pour s'en faire dispenser. Je dois relever ici les méfaits de l'exagération, et je présente un *mea culpa*: avec les illusions que l'on se fait, on finit par tomber dans le tragique pour impressionner les gens. Il m'est arrivé de dire qu'à l'âge de treize ans, je creusais des tranchées sur le front pour les Allemands. Non, le front n'était pas encore à proximité et moi-même je ne faisais qu'accompagner ma mère et mes sœurs. Ce livre me permet donc de mettre les événements à leur juste place, aux dépens de ma fantaisie. J'ai évité toute sentimentalité, j'ai évité le style fleuri, et si je mentionne les magnifiques bouquets de lilas de notre jardin, ce n'est pas pour évoquer la façon dont ils embaumaient le soir, au début de l'été, mais pour mentionner les bouquets que ma mère vendait incognito à des hôteliers de Colmar, pour ajouter quelques sous à notre tirelire anémique. Il fallait surtout que personne ne sache que Mme

Ungerer en était arrivée là. Je parlerai aussi des bouquets de fleurs que j'allais cueillir dans les champs à la Benzematt pour les offrir à Maman le jour de la fête des Mères avec son petit déjeuner au lit. Et pourquoi? Parce que ce sont les nazis qui ont lancé ce qui est devenu une tradition. L'instituteur nous avait donné des instructions précises: fleurs et petit déjeuner! Eh oui, le papa Hitler n'était pas si bête. On chante la gloire de la femme allemande qui produit de si beaux enfants, ces beaux enfants qui font de bons soldats.

Ces couvercles donnaient accès à la cave où nous nous réfugions pendant les bombardements. Une vraie mise en boîte.

L'hiver, qui s'était annoncé rude, allait tenir ses promesses. Nous étions maintenant plus ou moins en état de siège. Je dis plus ou moins car les combats qui faisaient rage dans la région se rapprochaient et s'éloignaient, selon les offensives et les contre-offensives, surtout dans le secteur américain de Bennwihr, Hunawihr, Sigolsheim.

Nous avions aménagé notre cave avec les plus beaux meubles de l'appartement. Nous nous éclairions avec un reste de pétrole, puis avec des mèches dans des blocs de suif. Je partageais un matelas avec ma sœur Vivette sur le tas de charbon. Au début, nous ne descendions à la cave qu'à l'occasion d'un tir de barrage ou si la situation semblait se gâter. Il n'y eut bientôt plus d'eau courante ni d'électricité.

Ce dessin est inspiré des photos de la revue Signal. Le char PAK, Panzerabwehrkanone, est assez fidèlement reproduit.

Comme il n'y avait plus de gaz non plus, la vieille cuisinière de fonte fut remise en fonction. Ma mère n'était sans doute pas habituée à cette grande surface chauffante. Elle avait astiqué les étains, plats, assiettes, théières et les avait laissés sur la cuisinière. Catastrophe! Un vrai dégel métallique... Ces belles pièces avaient fondu en une flaque. Malgré tout, le métal put encore servir au nouvel an lorsque, selon la tradition, on le versa, fondu, dans un seau d'eau froide afin de déchiffrer le futur dans les formes hérissées d'imprévu.

La neige en ce mois de décembre fut d'un grand secours: il suffisait de la faire fondre pour avoir de l'eau. J'étais dans la rue lors d'un des premiers tirs de barrage qui devaient viser notre voisinage. Je m'aplatis au sol après l'explosion du premier obus. Entre les salves, pendant que l'artillerie rechargeait ses canons, le couvercle de la cave s'ouvrait et la tête de ma sœur Edith jaillissait comme un diable de sa boîte. Moi, toujours à plat ventre, je levais un bras ou une jambe comme un pantin donnant des signes de vie, et bang cela recommençait. Tout autour de moi, le sol était criblé d'éclats d'obus. Une fois le calme rétabli, j'en ramassai une collection, encore tout chauds, comme sortis du four. Plus haut, rue Haussmann, gisait monsieur Berchthold, un gros Alsacien moustachu, à moitié décapité, frappé d'une mort qui allait devenir banale.

C'était en décembre 1944.

Nous continuions à séjourner dans l'appartement et dormions tous dans ma chambre dont les fenêtres étaient barricadées avec les rallonges de la table. Les fentes des volets avaient été bourrées de chiffons. Lorsque les tirs de barrage

Horaires de camouflage des lumières. La nuit, le moindre rai de lumière était sanctionné par la police.

nous réveillaient, nous sautions du lit et frileusement, traînant couvertures et plumons, nous descendions à la cave : c'était tout une histoire, il fallait sortir de la maison, ouvrir ces sacrés couvercles de cave et dégringoler les escaliers. Nous étions pris d'interminables fous rires hystériques. Si le rire avait servi de cible, notre compte aurait été réglé en un tournemain d'artilleur.

Noël approchait ; comme nous n'avions pas de sapin, je suis allé dans le parc pour couper des branches d'un conifère qui montait la garde devant la maison des Sœurs ; je les disposai sur le Eckkansterle, le meuble de coin ; l'effet était assez réussi pour permettre la décoration traditionnelle.

Le 26 décembre, nous étions à table, à jouer aux cartes, lorsque nous fûmes éblouis par la lumière d'une fusée, suivie du vrombissement des avions qui descendaient sur nous en piqué. Sans doute s'en prenaient-ils à une batterie allemande qui s'était nichée en face dans la fabrique Haussmann. Dans le corridor donnant sur la salle à manger, il y avait un cagibi obscur, sans fenêtre. D'instinct, alors qu'éclatait la première bombe, nous nous y réfugiâmes, accrochés les uns aux autres. Le cercle familial n'était plus qu'une masse de quatre corps entrelacés, hurlant à chaque explosion qui secouait la baraque. Ma sœur aînée gardait néanmoins son sang aussi froid que possible ; je me rappelle vaguement qu'elle essayait de nous calmer. Puis ce fut le silence.

Nous nous hasardâmes hors de la cachette. Quelle scène de destruction ! Et pourtant, nous avions eu de la chance. Le souffle des explosions avait fait sauter les fenêtres, les rideaux pendaient en lambeaux, des platras partout ! Ce n'était pas le silence que nous retrouvions, mais le crépitement des incendies qui, en face, dévoraient les entrepôts de la fabrique. Nous nous mîmes à exécuter une sorte de danse pour éteindre les étincelles qui, comme des lucioles, s'aventuraient, poussées par le souffle de l'incendie, à travers les fenêtres béantes. Sur la table de la cuisine, posé comme un cadeau, avait atterri un gros morceau de poutre, provenant sans doute du bâtiment de la direction, à gauche de l'entrée de la fabrique, touché par un *Volltreffer*, un coup au but. On dit que les miroirs cassés portent malheur. Le grand miroir dans la chambre à coucher de ma mère fut retrouvé à plat ventre sur des débris, intact ! Devant le perron, dans la cour, un autre cadeau du ciel nous attendait : une belle grosse bombe de deux cents kilos, noire à rayures jaunes comme l'abdomen d'une guêpe. Elle avait parcouru sans exploser une trajectoire sous terre et s'était posée là comme un chien de garde docile. Cette bombe devait nous tenir compagnie pendant un mois et demi.

Nous faisions un jeu de mots :

– *Das esch awer bombisch* ! Ça alors, c'est de la bombe !

Ce bombardement avait fait pas mal de dégâts, mais apparemment pas de victimes, sauf quelques lapins du voisin qui traversaient la rue dans un état de combustion plus ou moins avancé. Mais cette fois-ci, nous déménagions pour de bon à la cave.

Les Allemands avaient donné congé aux prisonniers russes qui, en collaboration étroite avec leurs gardes, donnaient des coups de main pour éteindre les incendies et ensuite déblayer le secteur. Il faisait très froid, jusqu'à -20°C, et des journaux sous le pull-over se révélèrent un bon isolant. On ne s'ennuyait pas, la proximité des libéra-

Les étains fraîchement astiqués fondirent comme neige au soleil sur la vieille cuisinière en fonte remise en fonction à cause de la pénurie de gaz.

teurs nous remplissait d'une joie frétillante. Avec un drap de lit et de la teinture, nous avions déjà préparé un drapeau français ; le rouge lie-de-vin n'était pas très réussi, mais à la guerre comme à la guerre, il ferait bien l'affaire.

Les religieuses étaient venues nous rejoindre dans la cave voisine, séparée de la nôtre par une cloison à claire-voie. Ma mère exécrait la présence de ces papistes dont rien ne pouvait interrompre le monotone hachis de prière, à part un vigoureux cantique protestant ou le claquement sec d'un obus. À la lumière des bougies, ces bonnes sœurs nous offraient avec leurs cornettes un tableau digne de Georges de La Tour. L'une d'elles, qui avait des problèmes de vessie, passait une grande partie de son temps sur un seau en émail, chapelet en main, pour filtrer au compte-gouttes un besoin qui était vraiment petit. Le système urinaire de cette pauvre corneille se coinçait à chaque explosion. Et nous attendions, en pouffant de rire, la reprise de l'écoulement.

Leur voisinage fut de courte durée, car elles furent rapatriées sur Colmar. Elles faillirent cependant être remplacées. Une nuit, le couvercle s'ouvre, un jeune officier allemand, couvert de glace, de neige et de boue fait son apparition.

– *Los, raus, und sofort !* Allez, dehors, tout de suite.

Ma mère le calme :

– Mon pauvre jeune homme, que se passe-t-il donc ?

Il cherchait un lieu pour entreposer des blessés entassés dans un camion.

– *Setzen Sie sich*, asseyez-vous... Moi aussi j'ai un fils aux armées, de votre âge, d'ailleurs il vous ressemble, prenez donc un verre de schnaps, vous êtes épuisé ! Vos pauvres blessés ! Mais regardez cette cave, elle est totalement inutile, elle est bien trop petite.

Et ainsi de suite. Confit dans le schnaps, déconfit par la bonté compréhensive de ma mère, il repartit en s'excusant, la remerciant, et alla chercher ailleurs un hébergement pour ses malheureux congénères. Cet officier avait pourtant plus belle allure que mon frère qui, lors de sa dernière permission, était rentré chez nous affligé d'un eczéma et couvert de pansements en papier (il n'y avait plus de coton). Il faisait l'effet d'une momie sortie des WC.

Mon frère m'avait écrit une lettre d'adieu où il déclarait que je deviendrais – comme lui à mon âge – le chef de famille s'il lui arrivait quelque chose. Je porte cette lettre autour de mon cou dans une petite pochette en cuir, comme une amulette.

Un dernier coup de balai

Lettre à mon frère

Cher Bibi,

Déjà huit jours que les obus de 75 sifflent et que nous ne pouvons pas être tranquilles.
À cinquante mètres de chez nous, des obus ont éclaté. La route Herzog n'est plus une route. Des toits effondrés, des trous dans les murs, des arbres abattus, des champs inondés, jusqu'à deux mètres d'eau, des murs écroulés sur la route, des trous d'obus à chaque coin. La route est encombrée par des tuiles, briques, terre, fil de fer électrique, branches, grillages.
Dans notre quartier, tout est entier.
Aujourd'hui c'est tranquille. Avant-hier des chars sont rentrés dans Colmar comme éclaireurs. Plus d'électricité. La nuit on voit les lueurs de la bataille. Ici nous ne sommes pas dans un secteur dangereux, n'aie pas peur.

Je t'embrasse férocement, ton frangin.

Ma mère et mon frère lors d'une de ses permissions en 1944.
Comme on peut le constater, les Allemands étaient à court d'uniformes.

À l'époque, j'étais ami avec René Ohl. Il était plus jeune que moi, mais nous étions ensemble chez les scouts et nous y sommes liés d'amitié. Il habitait en face de chez nous, dans une petite maison d'ouvriers à un étage. Lors du premier bombardement, elle fut réduite en cendres, tout comme une partie des vingt-huit lapins dont les clapiers se trouvaient dans la cour. Dès le début de la bataille autour de la tête de pont de Colmar (terme à vérifier), on transféra la famille Ohl dans le bunker Haussmann. Ce bunker était un ancien dépôt de munitions construit lors de la Première Guerre mondiale. Il se trouvait directement derrière la maison et était alimenté en électricité par une turbine à eau du canal.

Le grand-père de René était un petit bonhomme maigre avec moustache, ancien Légionnaire, un patriote français. Il tient du miracle qu'on ne l'ait jamais arrêté car il ne cachait pas sa francophilie. Son drapeau tricolore hibernait dans le bunker, cousu dans le matelas de René. Il existe toujours.

Hélas! trois fois hélas! le papi mourut deux jours avant la Libération. Par moins quinze degrés, il fallut casser la terre gelée pour creuser une tombe. Il n'y avait pas de cercueil: on prit donc une armoire militaire. Comme je l'ai dit, l'homme était petit et l'armoire longue et étroite. Et quand la famille, les amis et le prêtre transportèrent l'armoire-cercueil au cimetière sous une pluie d'éclats de grenade, le grand-père mort dans sa boîte glissait de droite à gauche et de gauche à droite, et chaque fois que sa tête heurtait les parois, ça sonnait particulièrement creux.

Été 1992: Avec René Ohl et le drapeau qui était caché dans son matelas.

Arrivé au cimetière, la tombe se révéla trop petite pour le cercueil. Vite, on alla chercher une scie et, comme lors du célèbre tour de magie, on scia l'armoire en deux et le cou du mort raidi par le gel y échappa de justesse.

Une grand-mère qui rendait visite à sa famille en Allemagne, fut victime d'un bombardement, au cours duquel elle perdit la vie... et le reste. Pour réduire les frais de rapatriement, elle fut incinérée. Comme il y avait pénurie d'urnes, on recycla une boîte de bouillon-cube pour envoyer ses cendres par la Poste à sa famille. Ils en firent une soupe qui avait un drôle de goût, mais en temps de guerre, on se nourrit comme on peut. Le courrier d'accompagnement arriva plus tard. Trop tard.

Américains et Français arrivent, la libération est proche. Une vue assez réaliste de la bataille de la poche de Colmar : char Sherman et mitrailleuse de 30.

Il y a quelques années seulement, j'appris grâce à la biographie d'Eva Karcher qu'Otto Dix, qui vivait à l'époque près du lac de Constance, avait été affecté au *Volkssturm*, l'unité plutôt bon enfant où se trouvait mon frère. Il fut fait prisonnier – à Colmar. Un officier français reconnut le célèbre peintre et réussit à lui trouver une place parmi les artistes du camp, dans le garage de Robert Gall qui servait d'atelier. Ainsi naquirent nombre d'œuvres comme la *Madone devant barbelés*, commandée pour la chapelle du camp.

Durant cette période, même les jeunes Alsaciens de seize ans furent recrutés. Quand ce n'étaient pas des bombes qui tombaient du ciel, c'étaient des tracts :

Legt ihr die Waffen nieder :
in der Heimat,

da gibts ein Wiedersehen.
Kämpft ihr weiter:
gibts kein Wiedersehen
Halten oder krepieren
Si vous déposez les armes,
alors nous nous reverrons, chez nous, à la maison.
Si vous continuez la lutte,
alors nous ne nous reverrons pas.
Tenir ou crever!

Wer als Fahrer sich mit mehr als zehn Mann ergibt, wird besonders gut behandelt.
Tout chauffeur qui se rendra avec plus de dix hommes bénéficiera d'un traitement de faveur.

On annonça le pire: des enfants mis dans des unités de combat Werwolf (loup-garou) auraient à tenir tête aux Alliés avec des *Panzerfaust*, des lance-fusées antichars. On réfléchit sérieusement à une cachette pour moi en cas d'urgence.

Nous attendions le grand jour. Il arriva le 2 février 1945. Le calme régnait, comme si une page était tournée; la neige fondait sous un soleil qui brillait comme un sou neuf. Il y avait dans l'air un je ne sais quoi d'émoustillant. Nous montâmes au grenier, sous un toit qui avait perdu une grande partie de ses écailles, pour avoir un aperçu de la situation. Du côté de la route reliant Colmar à Wintzenheim, des véhicules qui se révélèrent être des chars d'assaut avançaient, facilement visibles sur la neige.

– Ils arrivent!

Avec un enthousiasme qui nous rendait intrépides, nous dévalâmes l'escalier pour courir dans les champs accueillir les vainqueurs. Nous n'étions pas seuls: des prisonniers russes auxquels les Allemands avaient donné quartier libre faisaient déjà partie de la fête.

Le premier char, un Sherman, s'arrêta; soulevant le couvercle de sa tourelle, un soldat français nous salua d'un grand sourire tricolore et donna à ma sœur Edith une cigarette. Je crois bien que c'était une Camel!

Quel beau moment. «*Es geht alles vorüber. Es geht alles vorbei.*» Tout passe, tout a une fin. Un tube de cette époque, tout comme *Lili Marlène*.

Après avoir battu la campagne, nous rentrâmes à la maison où un tout autre spectacle nous

Tout de suite après la Libération, Hansi revint en Alsace. Lui dont les livres et dessins avaient été interdits par les Allemands comme «fatras français», dessina la réponse à l'affiche allemande de 1940. En alsacien.

attendait, bien moins attendrissant celui-là. L'infanterie américaine nettoyait les parages. Nous arrivâmes juste à temps pour voir un GI filer avec notre dernier pot de confiture et un sabre datant de la bataille de Reichshoffen, qui allaient rejoindre quelques petits souvenirs empilés dans une Jeep!

Ce n'était rien comparé aux déménagements qu'allaient opérer par la suite les forces françaises en Allemagne. Et dire que j'avais été élevé avec les dessins de Hansi où tous les Allemands étaient des pillards...

Les services russes, apparemment bien renseignés, rapatrièrent leurs prisonniers en vingt-quatre heures. Ceux-ci furent remplacés, enfin, par des prisonniers allemands. Ils n'étaient pas beaux à voir. Avachis, dépenaillés, disloqués par le combat, déchets du Reich, ils faisaient la queue devant l'entrée du camp, souvent malmenés par des soldats français qui leur donnaient des coups de crosse, avec toute l'arrogance des vainqueurs. J'étais scandalisé devant ce comportement lâche et brutal. Chaque médaille a son revers, surtout si elle est militaire.

Nous avions nos Français dans la maison. Le half-track des transmissions avec ses antennes et ses radios était parqué dans la cour. C'était une fête de famille. Un jeune lieutenant, officier de liaison, et son équipe, en grande partie des pieds-noirs, nous apportaient ce que nous attendions: une France jeune, combative et souriante. Nous faisions cuisine commune, je découvrais la gastronomie des conserves. Spaghettis, *baked beans*, *spam* et *corned-beef*. Les «K-rations» de l'armée étaient de vraies boîtes à surprises: du chewing-gum, quatre cigarettes, du chocolat, du papier toilette, des biscuits, deux boîtes de conserve avec un ouvre-boîtes pliant, un sachet de Nescafé; il n'y manquait que les préservatifs. Comme nous parlions encore le français, et moi en outre l'anglais, le lieutenant m'emmenait en Jeep pour lui servir d'interprète auprès des Américains. Je fus ainsi le témoin sur place de l'état dans lequel une guerre, qui s'applique à la dévastation, peut laisser, immolé, un pays innocent.

À Bennwihr et Hunawihr, il ne restait que quelques pans de murs. À Sigolsheim je fus témoin d'une scène qui me marqua profondément: sous mes yeux, une vieille femme sauta sur une mine dans son potager et y laissa un pied.

Les soldats américains m'apportèrent une vraie désillusion: ces grands bébés, mastiquant du chewing-gum aussi élastique que leurs chaussures, avec un flegme qui cachait un insondable mépris, ne savaient même pas s'ils étaient en France ou en Allemagne, d'ailleurs ils s'en fichaient. Quoi? Ça, des soldats! Même les troufions de la drôle de guerre, qui savaient si bien boire et manger, me semblaient plus civilisés que ces grands énergumènes. Plus arrogants que les Allemands, ils prenaient plaisir à jeter par terre avec nonchalance du chocolat ou du chewing-gum afin que les enfants, comme des moineaux, se précipitent pour ramasser. Des combattants ? Leur parcours était jonché de villages détruits à cent pour cent parce que, à la moindre contre-attaque allemande, ils foutaient le camp et envoyaient les bombardiers anéantir le secteur. Pourtant, beaucoup y ont laissé leur peau et sont enterrés chez nous ; notre dette de reconnaissance envers eux nous force à oublier certains de leurs comportements. Ils sont tombés, tout comme les Allemands, ou nos Russes épuisés par le travail forcé dans les mines de potasse et morts au ralenti, minés par la tuberculose ; tombés comme le voisin Berchthold avec son cou de taureau déchiqueté ; tombés comme ce soldat allemand au retour des champs, le visage aussi gris que son uniforme, dans le *Schneebrei,* la neige fondue, avec du sang couleur rouille, même pas rouge comme le ketchup de Hollywood.

Tombés, oui, comme l'amie de ma mère, Mme Wilsdorf, fauchée par un éclat d'obus, alors que son fils devait survivre, lui, aux indescriptibles périples de l'incarcération et des bataillons disciplinaires en Russie.

Dans les Vosges près de Natziller, les nazis avaient construit le camp de concentration du Struthof.

Il est situé dans un endroit idyllique avec vue sur la vallée du Rhin, près du mont Sainte-Odile, la sainte patronne des Alsaciens. Le *Kommandant* Kramer accueillait devant la potence les convois nommés *Nacht und Nebel,* nuit et brouillard. Les prisonniers servaient d'esclaves pour l'exploitation des carrières et de cobayes pour des expériences médicales. On les exposait à des gaz toxiques et au typhus. La chambre à gaz était appelée « la remise » par les Allemands. L'hiver régnait un froid insupportable tandis que la cheminée du four crématoire illuminait le ciel d'un rouge vif, souvent pendant des jours entiers.

Un grand nombre de cadavres étaient envoyés au Dr Hirt, à la section anatomique de l'université de Strasbourg.

Le camp est toujours là, seul le musée a été réduit en cendres par des néofascistes.

La guerre, essoufflée, allait enfin prendre un repos bien mérité après le triomphe sur le fascisme. C'était l'euphorie. Les défilés, la visite de De Gaulle à Colmar, «Ici l'Alsace, les Français parlent aux Français». Quelle fête! Tous les soirs, des parties dansantes réunissaient mes sœurs, leurs amies et nos militaires; notre vieux Gramophone était à bout de souffle. C'était l'époque de la *danse atomique*. On chantait à tue-tête de nouveaux refrains:

C'est nous les Africains
Qui revenons de loin,
Nous r'v'nons des colonies
Pour défendr' le pays.

Une fête sans fin, innocente à sa façon. Mes sœurs n'étaient pas du genre à flirter. Surtout pas question de se laisser embrasser ni toucher. Dans ce domaine, elles étaient intransigeantes.

Dans notre milieu, toute tendance au plaisir charnel relevait des «mauvais instincts», les filles qui sortaient avec des garçons étaient des «coureuses», donc sales parce que salies! Même notre vocabulaire pour les fonctions intestinales était choisi. Pipi ou caca étaient considérés comme vulgaires. On disait «faire goulette», faire un «gros» ou une «commission», les cabinets étaient le «petit coin», la menstruation était la «visite de Nuremberg», et je m'attendais toujours à voir apparaître des Prussiens lorsque j'entendais cette expression.

Et pourtant la trivialité faisait à l'occasion des incursions. Ainsi, un ami avait un jour rapporté la copie d'une lettre publicitaire annonçant le lancement d'un nouveau produit, le

Popofox, pastiche d'une réclame pour un engin qui, introduit au bon endroit, donnait aux flatulences un assortiment de mélodies adaptées aux circonstances. Nous nous tordions de rire à lire à haute voix ce petit chef-d'œuvre d'obscénité scatologique.

Je ne disposais d'aucun vocabulaire pour les attributs sexuels et il aurait été techniquement impossible pour moi de définir mon zizi et ses grelots, ou de décrire mes premières érections, qui ont coïncidé avec la Libération.

Dans la bibliothèque de mon père, derrière de gros volumes reliés qui montaient la garde, j'avais déniché quelques revues osées, avec des photos de femmes qui semblaient prendre plaisir à exhiber des rotondités appétissantes. Mais c'est la couverture d'une édition populaire du *Docteur Pascal* de Zola qui devait provoquer des tumescences alourdies de conséquences. On y voyait un monsieur à longue barbe blanche qui caressait d'un regard lubrique une divine créature aux seins nus, prête à accepter avec le sourire les conséquences d'une auscultation approfondie !

Mon innocence était encore protégée, au point qu'à l'âge de quatorze ans j'éclatais en sanglots quand j'entendais des blagues «sales» que se racontaient les soldats français.

Ce n'est que bien plus tard, chez les éclaireurs, dans un entretien auquel nous avait convoqués notre chef de troupe, que je pris connaissance de l'aspect meurtrier de l'onanisme. À savoir qu'avec une seule éjaculation on gaspillait un potentiel de vingt mille vies humaines. J'imaginai alors toute une population latente dans une cuillère à café, de quoi repeupler la ville de Dresde après le bombardement. À force de grandir, les culottes d'éclaireurs allaient devenir trop courtes pour dissimuler les émois d'une chair aux abois! Je sens encore la paire de gifles dont le pasteur Wolf devait gratifier mes joues devant la gare de Colmar. Ceci parce que j'avais séduit une jeune Américaine *exchange student*. Comme il avait lui-même

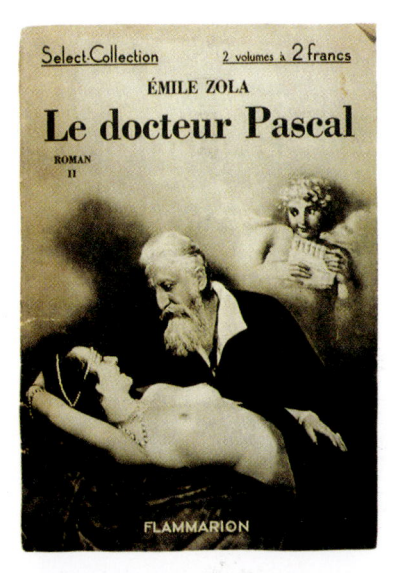

Lectures adolescentes et premiers émois

organisé l'échange, il était moralement responsable de ce troupeau de brebis d'outre-Atlantique.

Un jeune pilote de chasse de l'escadrille Normandie-Niemen devint un habitué de la famille : mon futur beau-frère Jean, qui nous gâtait en faisant la cuisine. Je n'avais jamais vu un ananas, les seuls fromages que je connaissais étaient le munster, le gruyère et le *Mainzer Käse*. Je faillis m'évanouir la bouche en feu en mangeant mon premier couscous. Toute une gastronomie nouvelle déployait l'éventail de ses délices. C'est grâce à Jean que je me passionnai aussi pour l'aviation. Il fit même un jour un rase-mottes au-dessus de notre maison avec son Mustang, semant la terreur dans le quartier qui se crut attaqué alors que l'armistice avait été signé.

Dans le placard de ma chambre j'avais tout un arsenal d'explosifs, des queues de rats, grenades à manche allemandes qui étaient très pratiques pour déclencher des explosions qui faisaient notre joie. Il suffisait de dévisser le capuchon, d'attacher une ficelle à celle du détonateur, d'ensevelir la grenade dans un trou avec un mélange de « poudre spaghetti » et un bidon d'essence, de recouvrir le tout avec un gros caillou et de tirer sur la ficelle. Comme dans une recette de cuisine destinée à faire sauter la Cocotte-Minute !

En automne, ce fut la rentrée des classes au lycée re-Bartholdi.

*Ma sœur Edith et Jean
en chasseur devant son avion.*

Comme un déjà-vu, tout ce qui était allemand devait brûler dans un grand feu de joie. La superbe bibliothèque, dont une partie des richesses datait de l'époque du *Kaiser*, fut mise en cendres. Goethe, Schiller, même les bustes en plâtre des philosophes grecs et romains y passèrent. J'y suis retourné avec une équipe de télévision il y a quelques années et j'ai retrouvé cette superbe bibliothèque baroque dans l'état où elle avait été laissée en 1945, vandalisée par le patriotisme : les étagères vides, le sol jonché de quelques survivants. Ironie du sort : je trébuchai sur un volume dont l'auteur était mon grand-père ! J'en retrouvai un autre avec la carte de prêt où figurait mon nom, « Hans Ungerer ».

De beaux cahiers bleus, cadeaux du Canada, nous avaient été distribués. Tous les jours le portier passait avec ses rations de biscuits vitaminés. C'était aussi l'époque du pain au maïs, une catastrophe alimentaire qui, paraît-il, était due à une faute de traduction. Le blé se traduit en anglais par *corn*, mais *corn* aux État-Unis c'est le maïs. L'Amérique nous nourrissait, et c'est par cargaisons entières que les sacs de farine de maïs commandés débarquèrent. Cela donnait des baguettes croustillantes et dorées à l'extérieur, mais à l'intérieur une pâte réfractaire à la levure rendait ce pain immangeable.

Au lycée, le changement de régime allait se révéler, pour moi du moins, traumatisant. L'usage de l'alsacien était interdit, puni, tout comme le français pendant l'Occupation. Traumatisé oui, mais j'ai par le passé beaucoup exagéré mes descriptions de la situation ; en réalité j'étais un individu ultra-sensible, sans doute fragile, déjà ébréché, effiloché. Et ce qui pour d'autres était acceptable m'inspirait le dégoût et la révolte.

Il y avait, parmi les nouveaux professeurs, des Alsaciens « de l'intérieur », ceux qui étaient restés en France après l'évacuation. Pour certains d'entre eux, nous étions le méprisable résidu d'une race de collaborateurs. Je ne vais pas faire une flaque d'huile de mes frustrations. Tout cela appartient à ce

Me revoici, en 1946-1947, au lycée français.
Deuxième rang, troisième à partir de la gauche.

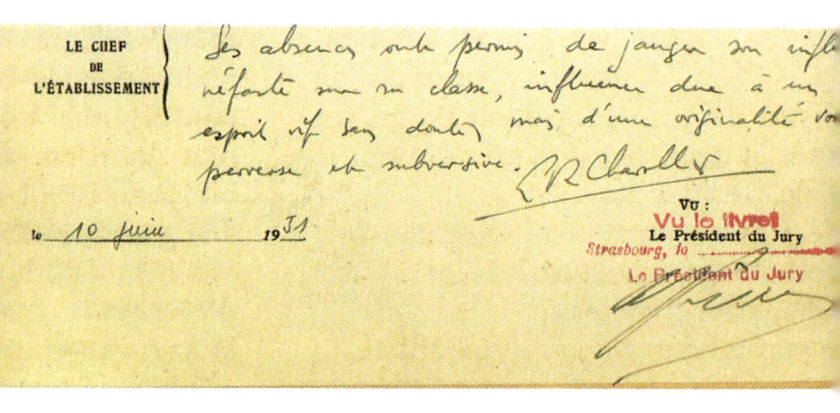

Cinq ans plus tard, le proviseur dénonçait mon « originalité perverse et subversive ».

monde de tiroirs, dans la commode du passé. Disons simplement que j'étais passionné par la littérature française et dévorais les œuvres complètes de Clément Marot ou de Mathurin Régnier dans les Classiques Garnier, et que cela provoqua cette réflexion de mon professeur de français :

– Perdez votre accent avant de vous intéresser à la littérature…

Il faut dire qu'à l'amour de la littérature s'ajoutait le plaisir de dénicher des poèmes paillards, comme ce poème sur la chaude-pisse : « Mon cas se lève et se hausse, belle, vous fournîtes la sauce moi le poisson. » Ou encore : « Et tenant dans sa main ce qui servit au premier homme à préserver le genre humain. » Pour la même raison ce sont les *Dames galantes* de Brantôme qui m'apprirent à lire le vieux français.

Pour mes compositions de littérature, je piochais dans l'antique manuel de Lanson. Je n'avais pas les moyens financiers d'acquérir certains nouveaux ouvrages. Le professeur Z., devant toute la classe, me ridiculisa pour avoir utilisé ce vieux coucou comme source de référence. N'empêche que ce *Lanson* reste un ouvrage tout à fait remarquable et je lui dois une grande partie de mon amour pour la langue française.

Après un passage par l'Iran, le Proche-Orient et l'Algérie, les prisonniers de guerre alsaciens rentrèrent du camp de Tambow, au sud de Moscou. Leur *Abitur*, baccalauréat allemand, n'étant pas valable, ils furent obligés de retourner sur les bancs de l'école.

Un jour, *Waterloo* était au programme. Le professeur demanda à un ancien soldat de le réciter. Sans enthousiasme, celui-ci ânonna les vers de Victor Hugo. Scandalisé, le professeur rugit: «Êtes-vous donc totalement insensible à la beauté de ce poème?»

Le survivant se leva, attrapa le prof par le collet et lui dit: «Je rentre de Russie, foutez-moi la paix avec votre littérature de batailles, s'il vous plaît!»

Nous avions un professeur, Monsieur N., un gros crapaud rose, morbide, nécrophile sur les bords, qui n'aimait que les lèche-bottes. Lorsqu'il fallait apprendre par cœur et réciter des vers, des extraits, il nous prenait par l'oreille et, si l'on s'arrêtait de réciter, il la pinçait, la tournait comme le bouton d'une radio. Nous étions conditionnés. Je vivais dans la terreur de cet homme. Un jour, paniqué, n'ayant pas fait mes devoirs, j'enveloppai mon index droit – le même qui stoppait les convois allemands – d'une bande de sparadrap. J'arrivai en classe et, montrant mon spara-doigt, annonçai que, hum! je m'étais fait mal. Un regard aussi glauque que vaseux, agrandi par de grosses lunettes, m'écoutait.

– *Injérère*, arrachez ce pansement.

Je m'exécutai pour révéler un doigt aussi intact que celui du saint Jean-Baptiste du retable d'Issenheim! Et moi qui pouvais me vanter, mon

C'EST CHIC DE PARLER FRANÇAIS

éducation protestante à l'appui, de n'avoir jamais triché, ni menti, je fus condamné par une remarque dans mon carnet scolaire, « Élève menteur ». Ce carnet qui, par la suite, devait s'enrichir d'une autre remarque, celle du proviseur: « Élève d'une originalité voulue perverse et subversive. » Ceci sans doute en réponse à mon activisme et à l'organisation de grèves pendant la demi-pension afin d'avoir le droit de parler l'alsacien. Dans chaque classe, un écriteau avait remplacé le portrait du Führer, proclamant: « C'est chic de parler français. »

En tenue d'éclaireur. On m'avait attribué le totem de « Fourmi boute-en-train ».

Ce pansement, devenu symbolique, je l'ai arraché. Avec lui j'ai arraché mon enfance, mes yeux se sont ouverts, j'ai arraché mes paupières, mes oreilles se sont ouvertes, je les ai arrachées. Ma langue? Elle avait déjà été arrachée. Heureusement qu'à cet âge, sans greffe et sans anesthésie, la panoplie des organes repousse comme la queue des lézards.

J'avais aussi d'excellents professeurs. Certains, comme ce bon professeur de maths, Greiner, que nous appelions Kakadou, cacatoès, Kubler et Faller pour l'histoire, et surtout mon professeur d'allemand, M. Strich, étaient des « malgré-tout[6] » qui avaient subi les changements de régime avec dignité. Mon professeur de physique, M. Barthel, avait obtenu pour moi la permission de rester à l'école ou d'utiliser mes heures de retenue à reclasser et identifier la collection dépareillée des minéraux. La géologie était une de mes passions. Bien plus tard, mon professeur de maths, Mme Pérot, devait par sa bonté, sa finesse et son intelligente compréhension, racheter les brimades de certains de ses collègues.

Heureusement, il n'y avait pas que l'école. Avant la guerre, mon frère était éclaireur. De ce scoutisme interrompu il restait son uniforme et les manuels. Cet uniforme était maintenant à ma taille avec son foulard brun bordé de jaune de la troupe Roesselman. J'avais étudié les manuels, et je m'étais moi-même fait passer les examens de première, puis de deuxième classe. Je m'étais confectionné un superbe bâton garni en partie des éléments d'un bougeoir Empire que j'avais démantelé, à la grande colère de ma mère.

J'avais appris qu'une première réunion d'éclaireurs devait avoir lieu pour relancer ce mouvement. Je m'y rendis, affublé de mon costume, coiffé d'un chapeau à large bord et de mon beau staff. À pied de Logelbach à Colmar. Imaginez la tête des gens apercevant cet hurluberlu dans un costume aussi incongru qu'une opérette dans les ruines. J'arrivai donc à cette réunion comme un chien dans un jeu de quilles. « Mais qui lui a donné la permission de se mettre en uniforme et de porter des badges comme ça !... » Confus, j'essayai d'expliquer ma compétence. L'affaire s'arrangea enfin et je devins un scout modèle.

J'avais recruté mon ami et mon voisin, René Ohl. Il était plus jeune que moi ; quand je fus chef de patrouille, il devint mon second. Que de belles aventures nous avons vécues ensemble ! À pied, en vélo, sous des tentes d'avant-guerre qui avaient oublié leur imperméabilité. Je me souviendrai toujours de cet orage qui nous prit par surprise au mont Sainte-Odile. Abandonnant tente et vélos, nous sommes allés chercher refuge au couvent. Imaginez la tête de la religieuse qui, au milieu de la nuit, à la lumière des éclairs, se mit en devoir d'héberger deux jeunes garçons nus, sauf le slip indispensable à l'admission.

L'été 1945, je partis tout seul pour la Suisse, invité par ma tante Marguerite et son mari pasteur. Ils passaient leurs vacances dans le Jura suisse, dans une communauté de mennonites. Quel choc de passer la frontière. Déjà à la gare, des kiosques pleins de friandises, un monde pimpant, astiqué, où les maisons avaient des fenêtres et les gens de vrais habits...

Ce séjour ne fut pas des plus agréables. Un lourd nuage d'évangélisme pesait sur cette communauté. Avant chaque repas, chacun faisait une profession de foi et adressait au Seigneur des louanges d'un fanatisme que je trouvais déplacé. Lorsque c'était mon tour de proclamer la gloire du Tout-Puissant, c'est avec gêne, presque avec honte, que je balbutiais quelques banalités. Je n'avais pas la foi, ni la grâce qui en résulte. Combien de fois m'étais-je agenouillé, seul dans ma chambre, pour implorer le Ciel de m'éclairer. Je n'étais pas dans le *Who's who* du Saint-Esprit. Je ne trouvais que le doute.

En revanche, j'eus l'inspiration de cueillir des bouquets d'orties que je mis sous les draps du lit de mes bienfaiteurs, ce qui me valut de brûlantes remontrances de la part de mes hôtes irrités à tout point de vue. Il m'arrivait aussi de grimper sur l'armoire de ma chambre pour sauter sur le lit avec un vrombissement d'avion en piqué. Ce grand lit finit par succomber sous les bombardements répétés. Il s'écroula littéralement. Après bien des efforts, à l'aide de quelques bûches, j'arrivai à lui redonner une allure normale. Il resta néanmoins très instable. Aussi, dès le lendemain, j'insistai pour faire mon lit moi-même chaque matin. J'imagine après mon départ la surprise de la *Hausfrau*, la maîtresse de maison, devant un lit qui s'effondrait automatiquement lorsqu'on voulait en changer les draps.

L'année suivante, on célébra ma confirmation. Le moment venu, je quittai les rangs des confirmants qui, pour la première fois, allaient prendre le corps et le sang de Jésus. Pour moi presque un rite de symbolisme cannibale. Je sortis

Mon vélo, la liberté

du temple en «protestant» une fois pour toutes. N'empêche que la fête eut lieu et que je reçus tous mes cadeaux dans un costume emprunté à mon cousin : une montre-bracelet, une tente et, surtout, un vélo d'occasion qui me permit de découvrir la France et que je nommai «Libellule».

J'ai toujours le Nouveau Testament qui me fut offert pour ma confirmation. Le verset en dédicace n'est pas mal choisi : «Sois ferme, inébranlable et de plus en plus actif dans l'œuvre du Seigneur, sachant que la peine que tu te donnes n'est pas vaine...»

Certains passages furent soulignés par ma mère qui se faisait du souci. Ainsi : «... En marchant dans la dissolution, les convoitises, l'ivrognerie, les excès du manger et du boire et les idolâtries criminelles... Soyez sobres et veillez. Votre adversaire, le Diable, rôde comme un lion rugissant, cherchant qui il dévorera... Hommes tarés et souillés... Les yeux pleins d'adultère, insatiables de péchés... Enfant de malédiction... Réservé pour le feu...» Heureusement, à côté de ces exhortations, il y avait aussi: «La charité couvre une multitude de péchés...» Donc autant jouir de la vie, sensuelle et gastronomique, et compenser les excès par une charité bien investie.

Cette époque se termina par un mariage en Normandie dans le Cotentin, à Fermanville, près de Cherbourg: le mariage de ma sœur et de son pilote de chasse, dans une grande bâtisse appelée «château», au bord de la mer. Vivette était demoiselle d'honneur, resplendissante dans sa robe taillée par Edith dans une paire de rideaux.

La découverte de la mer est restée pour moi la plus grande révolution de ma vie. Elle m'a offert la ligne d'horizon. Une ligne sans tranchée, une surface sans église, sans usine, une divagation des flots, une sérénité vibrante, lucide, sans pansement et sans mensonge.

La fiente de cigogne ne brûle pas. Quelle symbolique !
À Ostheim, le nid de cigogne épargné par la destruction.

Notes

1. Gauleiter: chef de district dans l'Allemagne nazie et dans les territoires occupés et rattachés au troisième Reich.

2. « *They are all Krauts* » : Ce sont tous des bouffeurs de chou.

3. En juillet 1943, Mussolini fut chassé du pouvoir par l'armée italienne et le maréchal Badoglio le remplaça provisoirement à la tête de l'État italien.

4. « Les doryphores » est l'un des surnoms que les Français donnaient aux Allemands.

5. Walhalla : demeure paradisiaque qui, dans la mythologie nord-germanique, est réservée aux guerriers morts en héros, et dont le souverain est Wotan (ou Odin), le dieu des Combats.

6. *N.d.É.* : les Alsaciens enrôlés de force dans l'armée allemande s'étaient donné le nom de « malgré-nous. »